KB122782

전문이 없는 것이
내 전문이다

전문이 없는 것이 내 전문이다

- 한일간 무역을 통해서 기술기업으로 성장한 수출 제조기업 태원의 이야기

발행일   2024년 3월 5일

지은이   최길호
펴낸이   차석호
펴낸곳   드림공작소
출판등록   2019-000005 호
주소   부산광역시 남구 수영로 298, 산암빌딩 10층 1001호 드림공작소
전화번호   010-3227-9773
이메일   veron48@hanmail.net

편집/디자인 (주)북랩 김민하
제작처   (주)북랩 www.book.co.kr

ISBN   979-11-91610-14-7 03190 (종이책)

전문이 없는 것이
내 전문이다

솔정
최길호
지음

기술과 신용 그리고 열정으로
일본 시장을 개척한 태원 최길호 회장의 일대기

서문

1950년대 중반, 전쟁의 폐허 속에 태어나서 60년대의 보릿고개를 겨우 넘길 때 박정희 대통령께서 농촌의 새마을운동과 산업현장에서의 기계 공업 중흥을 위해 기술인 양성을 목표로 공업계 고등학교를 육성하셨다. 많은 사람이 경제적 어려움에 대학 진학보다 공업계 고등학교를 졸업하고 사회에 진출하여 취업함으로써 가정에 도움이 되기를 희망했고, 나 또한 70년대 초에 진주 공업고등학교에 입학하였다. 기계과만 250여 명이 되는 동기생들은 열악한 실습 여건에서 공부할 수밖에 없었다. 1학년 때에는 교과서 위주로 이론만 공부했고, 2학년이 되어 학교 실습장에 갔을 때 기계 공업을 대표하는 기계인 선반은 겨우 3대 있었다. 그나마 2대는 낡고 고장이 나서 작동되지 않아 눈으로만 보면서 작동원리를 설명들어야 했고, 작동되는 1대는 250여 명이 돌아가면서 자동 실습을 했기에 졸업할 때까지 단한 번 기계를 작동시키는 실습을 할 수 있었다. 3학년에 진급하자마자 금성사, 대한조선공사, 조폐공사, 대동공업 등으로 현장 실습으로 파견되었기에 3학년을 3~4개월 정도만 학교에서 공부하고 실습 현장에서 근무 후 졸업했다. 그래도 현장에 파견되어 외국 기술자로부터 새로운 기술을 전수받을 때, 어려운 기술 용어도 학교에서 이론적으로나마 들어본 적 있고 책 어디선가에서 찾아볼 수 있었기에 다른 사람에 비해 기술 습득이 빨랐고 공업계 고등학교를 졸업했다는 긍지와 자신감을 가지고 기술인으로 성장할 수 있었다.

80년대 들어 기술 선진국으로부터 새로운 기술과 장비가 도입되면서 우리 세대가 기계 공업의 중추적 역할을 할 수 있었던 것은 모두 부모님의 자식 교육을 위한 열망과 정부의 기술인 양성, 그리고 선배 기업인들의 피나는 노력 덕택이다. 90년대 들어 대한민국도 세계적 기능 보유국으로 국민소득도 늘어나고 가난에서 벗어날 수 있게 되었다. 2000년대에 들어서면서 기술력을 바탕으로 세계 경제를 선도할 수 있는 기술 보국으로 발전을 거듭하게 되었다.

이제 70년대 초 공업계 고등학교를 졸업하고 한국의 기계 공업과 무역, 그리고 한일 간의 기술 교류 등의 30여 년의 경험을 기록으로 남겨 차세대에 다소의 도움이 되기를 바라는 마음이다. 현업을 마무리하는 시점에서 지나온 현실의 사항들이 다가오는 미래와 일치하지는 않는 점도 있겠지만, 그래도 우리 민족이 가지고 있는 기술인의 장인정신은 변함이 없기에 미래의 선진기술 보국을 위해 나의 경험이 다소의 도움이라도 되기를 바라는 마음이다.

차례

서문 5

1부 일본 편

12	일본 전국시대와 기업 경영 리더십
21	우리와 거래한 일본 제조업 공장들
21	- 미쓰비시 중공업 (三菱 重工業) 히로시마, 나고야공장
40	- 스미토모 중공업(住友重工業) 니이하마공장
46	- 미쓰이중공업(三井重工業) 다마노공장
49	- 사누키 테코(讚岐鐵工)
57	- 명화공작소(明和工作所)
61	- 코스믹공업(コスミック工業)
66	- 삼화 테스코(三和テスコ)와 포에크 그룹
70	일본과 거래 시에 유의할 점
77	일본 버블경제와 잃어버린 30년
83	나의 일본 출장길
92	일본 소개

2부 경영 편

104   태원의 역사

117   기업 백 년 계승을 위해서

124   실용적 투자

130   어느 기능공의 착각

136   임가공의 한계

140   제조업의 현실에 따른 태원의 갈 방향

145   전문이 없는 것이 내 전문이다

157   무역과 수출역군

168   대한민국 산업 영웅들을 기리며

3부 인생 편

176   직장 생활에서의 12년 개근

180   죽음의 문턱에서 기적적으로 살아나다

185   직장 생활의 시작과 개인 사업으로 전환 결단

197   꿈 이야기

201   정해진 인연과 만들어진 인연

206   하시모토 토모미(橋本知己)와의 인연

209   아름답게 내려놓자

213   세상에서 제일 아름다운 소리

215   어머니

224   자화상

1부

일본 편

일본 전국시대와
기업 경영 리더십

일본의 전국시대를 통일했던 세 사람.

오다 노부나가(織田信長), 도요토미 히데요시(豊臣秀吉), 도쿠가와 이에야스(德川家康). 삼인 삼색의 리더십으로 국가경영이 아닌 위기 상황에서 그들은 어떻게 기업의 경영을 끌고 갈 것인가를 비교해 본다.

나가시노의 전투, 1575년

이 세 사람의 스타일(정신)을 비교할 때 두견새가 울지 않으면 오다 노부나가는 '두견새를 죽이라'고 했고, 도요토미 히데요시는 '어떻게든 울도록 만들어'라고 했으며, 도쿠가와 이에야스는 '두견새가 울 때까지 기다리라'고 했다.

전국시대의 전쟁방식은 칼과 창을 사용했고 철포(鉄砲)라고 하는 소총도 있었지만 비싸기도 하고 연속사격이 되지 않아 능률적이지 못했다. 무엇보다 그때의 일본 사회개념은 사무라이 시대로서 소총보다 칼로 전쟁 승부를 갈라야만 진정한 승자라고 인식하고 있었던 시기였다. 오다 노부나가는 고정관념을 뒤엎고 포르투갈로부터 과감하게 소총을 도입하고 연속 사격이 가능하도록 전술을 개발하여 전쟁에서 승리할 수 있었다. 지금까지 늘 하던 칼로 전쟁하는 전통적인 방식을 버리고, 과감히 소총을 도입하고 새로운 전술을 개발하는 혁신을 해서 일본을 통일시킬 수 있었다.

이때 사용한 소총을 철포(鐵砲)라 하고 일본식 발음으로 뎃포라고 한다. 즉 뎃포를 가진 오다 노부나가가 뎃포를 가지지 않은 무뎃포(無鉄砲)의 영주들을 상대로 전쟁에서 승리를 이끌었다. 뎃포를 도입한 과감한 결단과 개혁적이고 진취적인 발상은 좋았지만, 새가 울지 않으면 죽이라는 불같은 성격에 따른 자만으로 혼노지에서 직속 부하인 아케치 미쓰히데(明智光秀)에게 습격당해 자결하고 만다. 이때 생긴 말이 '적은 혼누지(교토)에 있다'. 즉 이 말은 적은 내부에 있다는 뜻이다.

혼노지의 변, 요우사이 노부카즈 작품

당시 일본의 사무라이 시대 정신은 배신은(裏切り) 어떠한 상황에서도 용납되지 않았다. 당시 천민 출신이지만 각고의 노력으로 할 수 있는 모든 방법을 동원해서 성과를 내어 주군인 오다로부터 능력은 인정받아 출세의 기회를 엿보던 도요토미 히데요시. 그가 혼노지에서 주군 오다를 배신하고 하극상을 일으킨 아케치를 죽이고 오다 노부나가의 권력을 차지하지만, 천민 출신이기에 쇼군이라는 명칭은 사용할 수 없었다. 정권을 잡아 관백(현재 총리급)의 위치에 오르지만, 주변 영주들로부터 확고한 신임을 얻지 못했다. 그래서 이를 정치적으로 해결하기 위해 조선을 침공(임진왜란)함으로써 정권을 결집하고 유지했다. 체구도 작고 원숭이를 닮았다고 하지만 불리한 여건 속에서도 더욱 노력했고, 모두가 안된다고 포기해도 어떻게든 할 수 있는 방법을 찾아

전문이 없는 것이 내 전문이다

결실을 얻는 능력이 있기에 오다로부터 신임을 얻었다.

도요토미는 주군인 오다 곁에서 출세의 기회를 엿보던 중, 혼노지 사건으로 기회가 왔을 때 이 기회를 살려서 정권을 잡았다. 두견새가 울지 않으면 어떻게든 울게 했고 아무리 힘들고 불가능하게 보여도 부단한 노력으로 할 수 있는 길을 찾아 성과를 냈다. 그리고 항상 준비가 되어 있어 기회가 왔을 때 이 기회를 살릴 줄 아는 도요토미 히데요시. 원숭이 얼굴에 명석한 두뇌를 가진 도요토미 히데요시는 열세 위치에서도 포기하지 않고 새로운 방식을 찾아 끝없이 도전하여 길을 찾고 방안을 마련했다. 이는 기회가 왔을 때 잡을 수 있게 철저히 준비했기 때문이다.

이러한 시대적 상황에서 약소한 가문의 영주 아들로 태어난 도쿠가와 이에야스는 가문이 살아남기 위해 어린 시절부터 더 센 힘을 가진 영주국에 인질로 잡혀갔다. 인질 생활 중에 또 다른 영주국의 인질로 넘어가기도 했다. 젊은 시절 오랜 인질 생활 속에서도 '두견새는 언젠가는 울 테니 인생은 참고 기다리라'는 끈기와 인내의 철학으로 각고의 고난을 이겨낸 도쿠가와 이에야스. 그는 73세에 비로소 오사카성에서 도요토미 일족을 멸망시키고 통일된 일본의 쇼군으로 권력을 잡는다.

젊은 시절의 긴 인질 생활에 그 당시 습지에 뻘밭인 에도로 쫓겨 가서 불평 없이 참고 견디며 지금의 도쿄를 건설하고, 도요토미가 철옹성이라고 자랑하던 오사카성을 무너트리고 정권을 창출한 도쿠가와 이에야스.

이러한 3명의 시대적 영웅이 일본을 통일시키고 통치하면서 저마다의 독특한 정신적 철학을 가졌기에 그 시대 일본을 통치할 수 있었다. 그리고 후대에 이르러 시대와 환경의 변화에 따라 3명의 쇼군에 대한 평가는 사람에 따라 시대, 환경에 따라 조금씩 달리 해석되고 있다. 이 세 명의 지도자를 기업 경영에 적용해 볼 수 있을 것이다.

예를 들면 일본의 조선 사업(배 만드는 일)이 호황일 때 조선업이 수출을 주도했고 많은 일자리를 창출하는 등 산업의 역할이 지대했다.

하지만 호황이 끝나고 끝없는 불황이 왔을 때, 이 3명의 쇼군은 어떻게 기업을 이끌고 갔을까 생각해 본다. 우선 오다는 조선업체가 돈도 많이 벌었지만 이제 불황이 되어 언제 다시 좋은 시절이 올지 모르니 회사 문 닫고 종업원 내보내고 두견새를 죽인 것과 같이 회사를 없애 버리라 할 것이다. 도쿠가와는 호황이 있으면 불황이 있고 언젠가는 다시 호황의 시절이 오니 종업원과 회사가 어렵더라도 언젠가는 두견새가 울지 않겠는가 하며 참고 견디면서 기다려 보라고 했을 것이다. 그에 비해 도요토미는 배 주문이 많이 들어와 회사가 돈을 많이 벌었지만, 지금부터는 불황으로 배 주문이 없고 언제 호황이 올지 모르고 지금은 자동차가 잘 팔리니, 배 만드는 공장을 개조해서 자동차 생산 공장으로 바꾸어서 계속 일을 할 수 있도록 하자고 했을 것이다.

한 사람은 조선업이 불황이니 회사 문을 닫자고 하고, 또 한 사람은 언젠가는 좋은 시절이 올 것이니 다시 올 때까지 기다리자고 하고, 다른 한 사람은 배 만드는 일을 접고 다른 일감을 찾아 공장을 돌리자고 했다. 사람마다 판단 기준이 다르고 시대와 환경에 따라 다르니 어느 것이 정답인지는 모르겠지만, 일본 지인들은 나를 도요토미 스타일이라고 하고 나도 도요토미 경영 방식을 선호한다. 시대는 변할 것이고 변화에 적응해야만 살아갈 것으로 본다.

기업 백 년 계승을 위해서는 무엇을 하든 환경에 적응하면서 일을 찾아 공장이 돌아가야 하고, 일단은 살아 있어야 좋은 시기에 기회가 오면 기업을 키울 수 있다. 따라서 다양한 분야에서 법에 저촉되지 않는 한 일을 할 수 있는 기회를 만들고, 또 해야 할 사항이 오면 비전문이고 잘 모르더라도 전문가를 찾아 조언받아 배우고 일을 해야만 기업이 적절한 이윤을 창출하고 존재할 수 있다.

기업이 문화적 가치와 전통을 지키려고 원칙만 가지고 때가 올 때까지 기다리다가는 종업원도 잃고 회사도 없어진다. 또한 일이 없으니 불황이니 해서 회사 문을 닫을 수도 없다. 시대의 변화에 따라서 할 수 있는 일을 찾아서 끊임없이 변화하고 발전해야만 기업은 이어질 것이다. 나는 임진왜란을 일으키고 우리 민족에게 고통을 준 도요토미가 밉지만, 열세 위치에서 포기하지 않고 새로운 길을 찾아 끊임없이 도전하고 기회가 왔을 때 잡을 준비를 할 줄 아는 도요토미의 리더십은 배울 만한 가치가 있다고 본다. 오늘은 이것이 전문이었지만, 현 상황에 이것이 힘들다면 포기하지 않고 새로운 방안을 찾아내는 방법을 찾아야 한다. 주력이 바뀔 수도 있으니 새로운 곳에서 새롭게 수익을 창출할 수 있도록 끊임없이 방안을 찾고 노력하여 종업원과 회사가 살아갈 수 있는 길을 헤쳐 나가야 한다고 본다.

먼 훗날, 또 다른 상황에서는 도요토미 전략보다 오다 또는 도쿠가와의 전략이 더 좋을 수도 있을 것이다. 나에게 주어진 여건과 현시대의 흐름으로 볼 때, 일본 시장에서 여러 종류의 제품들을 우리에게 요구하고 있다고 가정하면 어떻게 해야 할까. 그 종류마다의 제품을 생산할 수 있는 장비를 갖출 자금도 공장도 없으니 포기할 것인가, 많은 돈을 벌어 그 장비와 공장을 갖출 때까지 기다릴 것인가, 아니면 다양한 제품을 일본으로부터 수주하여 국내에 있는 전문회사를 찾아 물건을 만들어서 일본으로 보낼 것인가. 아무리 생각해도 체력과 능력이 된다면, 내가 전문으로 하는 기어 제작은 물론이고 우리가 할 수 없는 제관, 대형 중량물, 플랜트 등 무슨 일거리라도 수주해서 국내의 전문회사에 발주하고 이를 관리해서 일본으로 보내자는 이 전략이 맞을 것이다. 우리가 쉼 없이 일할 수 있는 일감을 확보하고 종업원이 움직이고 회사가 멈추지 않은 것이 오늘의 태원이 존재할 수 있었던 것이다.

오다 노부나가는 과감한 혁신으로 시대의 변화를 이끌었고, 도요토미 히데요시는 능동적이며 창조적으로 기회를 창출했으며, 도쿠가와 이에야스는 인내와 끈기로 최적의 때를 만들어 냈다.

지난날 젊은 시절에 도요토미 정신으로 열심히 살아왔고 연륜의 시간인 지금은 도쿠가와 이에야스의 인생관이 더욱 마음에 와닿아 소개해 본다.

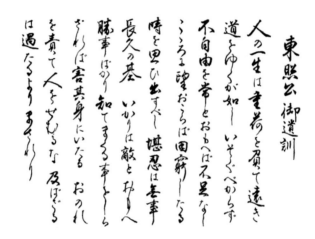

인생은 무거운 짐을 어깨에 지고 먼 길을 가는 나그네와 같다.
그러니 서두르지 마라. 무슨 일이든 마음대로 되는 일은 없다.
불만을 가질 이유도 없다.
풀잎 위에 이슬도 무거우면 떨어지고 달도 차면 기울기 마련이다.
인내는 무사장구(無事長久)의 근본이고 분노는 적이다.

자신을 책할지라도 남을 책하지 말라.

이기는 것만 알고 지는 일을 모른다면 몸에 화가 미친다.

마음에 욕심이 차오를 때는 빈궁했던 시절을 상기하라.

부족함이 지나침보다 낫고 자기의 분수를 알아야 한다.

전문이 없는 것이 내 전문이다

우리와 거래한
일본 제조업 공장들

미쓰비시 중공업 (三菱 重工業) 히로시마, 나고야공장

① 미쓰비시 히로시마 공장

히로시마 공장은 칸노(観音) 공장과 에바(江波) 공장으로 되어 있고 1942년 설립한 6만 평 규모의 일본 중공업을 대표하는 공장이다.

초창기에는 보일러, 증기 터빈 등을 만들었고 2차 세계대전, 그리고 한국 전쟁 때에는 수송선, 육상기기, 화학 플랜트 등 군수품 위주로 생산해 왔다. 1만여 명의 종업원이 일하고 있었으며 최근에는 공작기계, 해상 운송 설비인 컨테이너 크레인을 비롯한 대형 크레인과 산업플랜트를 생산하고 있다. 우리는 해상 운

히로시마 에바 공장

히로시마 칸노 공장

송설비 및 플랜트 쪽의 부품을 수주받아 제작 수출하면서 거래를 시작했다. 특히 플랜트 부품 중 크기가 너무 크거나 무게가 너무 무거워서 육상 운송할 수 없거나 초대형 가공 기계에서 한 달이상 기계 가공을 해야 하는 대형 공작물을 수주하여 선박으로 수송 납품했으며 1995~2010년까지 15년 정도 거래를 했다.

미쓰비시 중공업 지브크레인

미쓰비시 컨테이너
크레인 부품

　처음 이 공장에 방문했을 때 정문 진입로 앞으로 전철이 다니고 있었고 터널도 있었다. 도로가 왕복 3~5차선 정도여서 생각보다 좁고 장애물도 있어 대형 물품이 드나들기에는 좁다고 생각했는데, 이내 내 생각이 짧았다는 것을 알 수 있었다.

　그때(1990년 초)까지의 내 개념은 정문을 통해서 제품이 운송된다고 생각했는데 6만 평의 광활한 공장에서 생산된 거대한 제품

전문이 없는 것이 내 전문이다

들은 사내 부두를 통해서 해상으로 운송되었고, 정문은 종업원들의 출퇴근과 외부 영업사원, 일부 자재들만 드나들고 있었다. 공장 정문을 지나 입구 쪽에 심어 있는 조경수를 보면 족히 100년 가까이 된 것으로 보였고 당시 초도품으로 만들어졌다고 생각되는 몇몇 부품들이 정원에 전시되어 있었다. 100여 년의 역사 속에 군수품을 제작한 공장답게 장엄하고 무거운 느낌을 받았다.

사무실까지 들어가는 길에는 이곳저곳에서 대형 제품들을 조립 시운전하고 있었다. 공장의 형태는 붉은 벽돌벽에 슬레이트를 사용한 옛날식 공장 구조였으며 사무실은 생각보다 낡아 보였다.

거래를 시작한 컨테이너 크레인은 그 후 우리나라도 한국중공업(현 두산중공업), 현대중공업, 한진 등에서도 만들었지만 지금은 수요도 적고 채산성도 없어 만들지 않고 있다. 특히 가격 경쟁에서 중국산이 우리의 60~70% 정도의 가격이기에, 이번 부산 신항에도 중국산을 수입 사용하고 있고 대략 대당 가격은 70억 원 전후로 알고 있다.

우리는 주물(FC) 또는 주강(SC), 그리고 합금강(Scm류)을 사용한 프렌지, 케이스, 대형 샤프트 등은 가공하여 납품했다. 초기에는 상당한 영업 마진이 있었지만 갈수록 채산성이 떨어졌고(한국 쪽 임금 및 물가 상승), 2010년 무렵에는 중국의 영향도 있어 채산성이 줄어들기에 소형부품에서 대형플랜트 쪽으로 품목 변화를 시도했다. 대형플랜트는 일본, 한국 모두가 제품을 만들 수 있지만, 한·일 모두 이러한 대형 제품을 만들 수 있는 업체는 전국에 2~4곳 정도로 제한적이다. 운송도 어렵고 고도의 기술과 리스크가 있기에 수주하면 충분한 이익을 확보할 수 있었지만 많은 시간과 위험 부담, 제작상 한계 등으로 제작과정에서 마음을 졸이는 경우가 많았다. 특히, 일본에서는 이러한 대형 제품에는 지진으로 인한 피해를 줄이고자 방진장치를 설치(부착)하여 안전을 확보하고 있기에 우리도 설계단계에서 이를 고려해야 한다고 생각한다. 특히 대형 컨테이너 크레인의 경우 일본은 자국산이 아니면 사용하지 않지만, 우리의 경우에는 가격 문제로 중국산을 쓰다 보니 설계, 내구성에 문제가 있고 태풍으로 인한 신감만부두 컨테이너 크레인 전복 사고 같은 참사가 발생할 수 있는 것이다.

시대의 흐름에 따라 선진국에서는 차츰 중공업에서 IT산업으로 바뀌면서 한국에 밀리게 되고 히로시마 공장도 쇠퇴해 갔다.

거래한 지 20여 년이 흐른 2015년경, 히로시마 공장도 직원 300명과 영업권, 기술 자료, 특허권 등이 스미토모 중공업(住友重工業)의 니하마(新居兵) 공장으로 합병되면서 우리의 거래도 스미토모로 이전되었다. 100여 년의 중공업 역사에서 그동안 제품을 생산해 왔던 각종 공작기계를 처분할 것이니 구매 의사가 있는

지 연락이 와서 가보기도 했다. 공장이나 인생이나 나이가 들면 쭈그러들 수밖에 없는 허무한 마음만 남았다. 공장의 모든 생산시설은 없어지고 미쓰비시 나고야 공장(항공 관련)의 항공기 부품 조립 공장으로 전락하고 말았다.

거래하면서 알게 된 호리우치(堀內)를 비롯한 많은 사람이 그래도 미쓰비시 사람이라는 보수적 자존심을 품고 있었다. 인사발령이나 거래에서도 전통과 위계질서를 중요시하는 분위기였지만, 서로의 전문성을 인정하면서 기능을 발휘할 수 있었기에 조직이 움직일 수 있었다고 생각된다. 하지만 세월의 변화를 받아들여야 하는데 '나로 말할 것 같으면' 하는 자만과 아집으로 변화에 적응하지 않고 현실을 인정하지 않으면 미래도 없다는 교훈을 주었다.

2차 세계대전을 주도하던 일본. 조선 말기에 우리가 전기를 보고(가로등) 놀라기만 할 때 일본은 전투기를 만들고 이를 적재할 수 있는 항공모함을 만들어서 미국과 미드웨이 해전을 벌였다. 이러한 군수품을 최신의 설비와 기술로 제작하던 미쓰비시 히로시마 공장이었지만 지나온 역사 속에서 전시 상황에서의 웅장하고 거대함만 고집하다가 시류에 따른 사업영역의 변화를 하지 못했기에 결국은 역사 속으로 사라졌다고 본다. 우리도 언제나 빠르게 변화하는 현실을 받아들이고 적극적으로 대처하면서 시대에 적응해 나가야 할 것이다.

② 미쓰비시 나고야 공장

　정식 명칭은 나고야 항공우주 시스템 제작소이다.

　미쓰비시 히로시마 공장의 사세가 위축되면서 해상 운반기 부품거래도 줄어들 무렵 새로운 거래처 개척으로 나고야 공장의 항공 관련 물량 확보에 나섰다.

　처음 나고야 공장 방문 시 지금은 고인이 된 코다마(児玉)상의 안내로 공장 견학을 했다. 20만 평의 공장은 오에(大江) 공장과 도비시마(飛島) 공장으로 나누어져 있었다. 미국 보잉사 항공기 부품인 동채, 날개 등을 제작 조립(어셈블리)하는 항공기 제작 공장이 있었고, 산업용 헬리콥터, 전투기 등을 만드는 공장도 보았지만, 충격적인 것은 국제 우주 스테이션의 H2B 로켓 생산 공장이었다. 방산 부분이기에 보통 견학이 불가능한데 특별 케이스

미쓰비시중공업 항공우주 시스템 제작소, 나고야 오에공장

　　　　　　　　　　　전문이 없는 것이 내 전문이다

로 견학하게 되었다.

　로켓은 두 부분으로 나눌 수 있는데 첫째는 인공위성이고 둘째는 발사체이다. 인공위성의 경우는 한국도 자체적으로 기술개발이 되어 지금까지 일본이나 미국이 발사하는 로켓에 얹혀서 우주공간으로 쏘아 올려 성공한 실적이 있을 정도로 기술력은 가지고 있지만, 발사체는 미국과의 협정에 의해 그때까지는 300km 이상 또는 500km까지만 개발이 가능했다. 그렇다 보니 다른 업종(자동차, 조선, 반도체 등)에 비해서 상대적으로 기술개발이 늦을 수밖에 없었고, 발사체를 러시아로부터 기술을 지원받았지만 두 번이나 실패했다. 다행히 2021년 6월 현재, 미국과의 협정에서 사정거리도 무한정으로 풀렸으니 발사체도 빠른 속도로 기술개발 될 것으로 예상된다. 2000년 내가 나고야 공장을 방문했을 때 일본은 다네가시시마(種子島)에서 미쓰비시가 직접 제작한 로켓을 연 3~5회 정도 발사하고 있었다. 이 중 H2A는 사람이 타는 것이고 H2B는 화물만 싣는 것이었다. H2B 로켓에 화물을 싣고 우주 정거장에 도착해서 도킹을 성공시키는 기술을 보유하고 있었으니 항공우주 로켓 부분의 한·일간 기술 격차는 컸다.

미쓰비시 중공업 항공우주 시스템 제작소, 나고야 토비시마 공장

 공장 견학을 마치고 사내 식당에서 식사했는데 메뉴 자체가 선택해서 먹을 수 있게 다양하게 진열되어 있었다. 하지만 나는 먹는 것보다 담당자를 만나 어떻게 거래를 틀 것인가 하는 생각 뿐이었다.

 우리나라도 KAI(한국항공우주산업㈜)에서 국산 전투기를 생산하고 미국 보잉(BOEING)사, 유럽 에어버스(AIR BUS)사 또는 일본으로부터 항공 부품을 수주하여 제작하고 있다. 그렇지만 항공기 본품은 기본적 시설(장비)이 갖추어져야 하고, 고도의 제작 기술

전문이 없는 것이 내 전문이다

과 3차원 검사 시설, 운영 시설(항온, 항습) 그리고 제작 실적이 없으면 수주가 불가능하다. 그래서 항공기 관련 부품을 생산할 때 필요한 지그 및 운반 기류를 선택하여 거래 목표로 선정했다.

지금까지 소재가 철 위주에서 알루미늄으로 바뀌고 종이 도면에서 CD 또는 USB로 바뀌면서 담당자로부터 질문이 들어왔다. 5축 기계가 있느냐고 했다. 그때까지만 해도 내 상식으로 최신식 기계는 5면 가공기였기에 나는 이것을 묻는 줄 알고 5면 가공기 있다고 답했는데 5면이 아니고 5축이라고 다시 물어왔다. 5축과 5면이 무엇이 다른지 잘 몰랐지만 순간적으로 기지를 발휘하여 한국에서도 5축 가공이 가능하다고 했다. 또, 시스템은 요즘 일본은 카티아 4를 사용하는데 한국에서도 가능하냐고 묻길래 카티아라는 말은 잘 몰랐지만 IT는 한국이 강국이니 카티아 4는 물론이고 요즘은 신형인 5도 사용 가능하다고 대답했다.

일단 일본 측에서 흥미를 보이며 한국을 방문하겠다고 했다. 나는 급히 귀국하였다. 그리고 5축과 카티아에 대해서 아무런 지식이 없으니 알아보았다. 5면과 5축의 차이는 5면은 직선 가공만 가능하고 5축은 곡면 가공, 즉 항공기 날개처럼 곡면이 되어 있어도 자동으로 좌표를 찾아서 가공하는 장비라는 것을 알게 되었다. 이러한 5축 장비는 크기에 따라 다르지만 한 대에 보통 5~20억 원 또는 그 이상 되는 고가의 장비이고 일본이나 미국, 독일 같은 기술 선진국에서 수입 사용하고 있다. 한국에도 드물게 몇 대 있지만 고가이고 희소성 있어 외주를 받을 시간이 없을 정도로 연중 물량이 확보되어 있어 외주를 받지 않는다고 했다. 카티아라는 것은 이러한 5축 가공을 위해서 프로그램을 작성하여 기계를 작동시키는 시스템인데 내 주변에는 5축 장비와 카티아 시스템을 가지고 있는 사람도 없었고 이에 대한 지식도 없었다. 일단 부산대학교에 가서 카티아 시스템에 대해서 문의했다. 실습용 또는 교육용으로 사용하고 있으나 제품을 생산 보증할 수 있는 수준은 아니라고 했다.

어려움에 봉착했지만 이것을 해결하면 돈이 될 것으로 판단해 본격적으로 뛰어들었다. 아직은 잘 알려지지 않았고 별로 하는 데가 없으니 할 수만 있다면 수익이 보장되는 것이었다.

결국 KAI의 1차 벤더 중 제일 큰 규모의 회사인 율곡의 위 사장을 소개받아 의논했고 율곡은 기술과 장비를 갖춘 우주, 항공 관련 유망한 회사로써 사세 확장에 따라 일본 측과 거래를 원했고, 나는 일본 측(미쯔비시)에 영업력이 있어 많은 수주를 했지만 기술과 장비가 없으니 상호 협력하기로 했다.

나고야 공장과 거래가 시작되어 많은 물량이 확보되었지만 엄청난 스트레스, 특히 기술적 품질면에서의 스트레스와 리스크가 있었다. 이 일을 하면서 이익도 많았지만 가슴 졸이는 일들이 많이 발생했다. 엄청난 스트레스를 받는 일감을 수주한 적이 있었는데 핵심 소재인 알루미늄 주소를 해야 하는 것이 가장 골칫거리였다.

쇳물의 용량이 한 번에 10톤은 되어야 했다. 일본에서도 한 번에 10톤의 알루미늄 쇳물을 한 번에 용해, 생산할 수 있는 주조 공장이 별로 없는데 나는 한국에서 된다고 하고 수주를 해버렸다. 한국에서 아무리 찾아도 할 곳이 없었는데 서울 근교에 해 보지는 않았지만, 사양적으로 가능하다고 해서 발주했다. 다시 고민이다. 이 거대한 크기의 알루미늄 소재를 서울에서 부산까지 운반하는 일이다. 길이도 길이지만 폭이(6~7m) 2개 차선을 물어야 하니 고속도로, 국도 어디도 움직일 수 없다. 운송전문가를 찾았다. 부르는 대로 돈을 줄 테니 이송해 달라고 했다. 업자가 이송 계획을 세우고 왔다. 선두에 가이드 차를 배치하고 두 번째에 물건을 실은 트레일러가 서고 세 번째 다른 차가 추월 또는 끼어들지 못하도록 10톤 화물차와 장애물 처리 차량, 이를 지휘하는 승용차 총 4대의 차량이 국도를 이용해서 밤에만 이동하여 2~3일 만에 부산에 도착했다.

이제 이것을 열처리로에 넣어서 소둔, 즉 풀림을 해야 하는데 이 물건이 들어갈 수 있는 소둔로를 구하기 힘들었다. 마지막으로 가공 또한 한번 기계에 올려서 한 달 가까이 가공해야 했다. 완성품을 배에 싣고 나고야 공장까지 도착하는 계약에 사인을 했고 제작, 납품했다. 하지만 제작과정에서 최종 책임자로서 안전과 품질, 납기를 지키기 위해 하루하루 발생하는 엄청난 스트레스를 받으며 가슴 졸였다. 제작해서 결국 납품했지만 정신적고통을 감내해야 하는 정말 힘든 일이었다.

로켓 조립용 지그

　로켓관련 부품 제작은 한국이나 일본이나 방산품으로 취급된다. 그래서 제작 계약 시 일본의 경우에는 동경에 있는 자위대에 가서 기밀 서약서에 사인해야 한다. 또한 기본적으로 국외 제작은 불가하니 발주하지 않는다. 이번 로켓 관련 이탈 장치 수주는 이에 해당하는 것으로 우선 미쓰비시가 호네스트로 발주하고 당사 일본지사 역할을 하는 호네스트가 도쿄에 가서 국방 관련 기밀 서약서에 사인을 했으니 형식적으로는 문제는 없었다. 호네스트가 다시 한국 태원으로 발주 제작했으니 모르면 지나가는 일이다. 로켓 발사할 때 기립한 로켓을 잡아주는 이탈 장치가 우선 작동하고 다음 단계에서 로켓이 연소하면서 발사하는 것이 순서다. 만약 이 이탈 장치가 잘 작동되지 않으면 발사가 실패하고, 이 경우 원인분석 조사를 해서 한국에서 제작되었다는 것을 알게 되면 발주 담당자인 고다마상에게는 엄청난 부담이었다. 하지만 충분한 제작 능력과 이에 따른 이익이 충분히 있다고 판단되었기에 리스크가 있는 일이지만 고다마상을 설득하여 수주했고 제작 납품했다.

제작 납품한 나도 긴장되고 걱정되는 일이지만 이를 발주한 고다마상은 한국으로 발주하는 것 자체가 문제 될 수 있기에, 실패했을 때 직장을 그만두는 것은 당연한 일이고 나는 사업적 위험 부담을 안고 있었다.

112D 로켓 조립 사진

미쓰비시 중공업
H2B 로켓 발사,
타네가시마

　모두 걱정했지만 이탈 장치는 잘 작동되었고 로켓은 성공적으로 발사되었다. 그날도 파라곤 호텔 로비에서 일본 바이어를 만나고 있었는데 고다마상으로부터 전화가 왔다. 세이코 시마시다, 오메데또 고자이마스. (성공했습니다. 축하합니다.) 모두에게 감사한 일이다. 또 하나의 고비를 가슴 졸이면서 넘었지만 아무도 모른다. 내색은 하지 않았지만 내가 최종 책임자이니 내가 다 감수해야만 하는 스트레스는 엄청났다.

　이 이탈 장치 부품은 2~3곳으로 분산 외주 가공하여 최종 조립

　　　　　　　　　전문이 없는 것이 내 전문이다

납품했는데 이 부품을 맡아 가공한 외주 업체도 이 부품이 어디에 얼마나 중요한 부품인지는 모르고 도면 내용에 준하여 정밀하게 잘 만들었다. 사용처를 지금도 모르고 있다. 이번 일을 계획하고 진행한 고다마상, 하시모토, 외주 제작 업체, 엔지니어 모두에게 감사하고 나에게는 또 한 번의 성취감과 희열을 느끼게 한 프로젝트였다.

아침 6시면 언제나 산에 오른다. 아침 운동이다. 올라갈 때 항상 일본 NHK 아침 뉴스를 들으면서 올라가는데, 다네가시마 발사장으로 가는 로켓을 실은 컨테이너가 커브 길에서 전복되었다는 긴급 뉴스를 듣고 이른 아침이지만 하시모토에게 전화했다. 뉴스를 들었느냐고 물었고 하시모토는 모르고 있었는데 확인해 보겠다고 했다. 전복된 컨테이너는 로켓 이송용 컨테이너로 8개월을 걸쳐서 창원에 부도난 큰 공장을 임대해서 만들었다. 60m 이상 되는 로켓을 무진동, 방수 상태로 싣고 이동하게끔 설계되어 있으니 엄청난 크기(길이)이기에 제작보다 이송이 더 신경 쓰이는 것이었다. 바퀴가 40개 정도 달린 중량물 트랜스퍼라는 이동 차량을 임대하여 창원 공장에서 통행이 드문 야간을 이용하여 마산 장정항까지 이송하고 이를 배에 실어 시코꾸 다가마스(四国 高松)에 있는 삼화 테스코(三和テスコ)로 보내서 하중테스트를 했다. 그 후 밀폐, 진동 테스트를 해서 보낸 물건이 나고야에서 로켓에 싣고 다네가시마 시에 도착해 발사대로 이동하다 전복되어 아침 뉴스에 난 것이다.

컨테이너 제작과정에서 문제가 있어 전복되었다면 국제적으로 큰 문제가 되고 금전적 손실도 상당하기에 가슴 졸이며 전복한 원인분석 결과를 기다렸다. 다행히 컨테이너 성능상 하자는 없었고 운송 방식의 문제로 판명되었다. 우리는 공장에서 부두까지 육로 운송 시에 40여 개의 바퀴가 커브 길에서 조금씩 각도를 자동 조정할 수 있는 장치가 있는 방식으로 이송했고, 일본은 커브 길에서 턴테이블 방식으로 된 트레일러를 이용해서 이동시키다 코너링에서 이송 각도 문제로 전복되었다. 다행히 내부에 실린 로켓은 충격 방지 장치가 있어 문제없이 이송 설치되어 발사되었다. 또 한 번의 고비를 넘겼다.

알루미늄 10톤을 한 번에 용해하여 차선 2개를 차지하는 중량물을 이동해야 했고 이탈되지 않으면 로켓 발사가 실패할 수 있는 이탈 장치를 제작했다. 60m 길이의 로켓을 실어 진동, 밀폐, 하중의 안전장치를 부착한 이송 컨테이너 제작. 이러한 일들은 제작과정에서 엄청난 어려움을 이겨내고 이룬 것이었다. 이 과정에서 고비마다 리스크에 마음 졸이고 밤잠을 설치는 긴장 속에서 해냈기에 성취감도 있었다. 충분한 이익도 확보할 수 있었지만, 세월이 지난 지금 생각해 보면 다시 하라고 하면 하지 않을 것이다. 젊은 시절에는 도전하고 성취하고 긴장도 하고 돈도 벌었지만, 지금은 편안함을 추구하기에 다시 하지 않을 것으로 생각될 정도로 위험하고 가슴 졸이는 긴장의 연속인 일이었다.

로켓 이송용 무진동 컨테이너 일본 항만에서 하역 작업 중

　　나는 간이 큰 것이 아니고 가슴 졸이며 견디는 참을성이 남보다 강한 것이지 겁나는 것은 나 역시 겁난다. 다만 참고 견딜 뿐이다.

스미토모 중공업(住友重工業) 니이하마공장

내가 처음 스미토모(住友)라는 말은 들은 곳은 스미토모 감속기였다. 지금도 스미토모 감속기는 세계적으로 유명한 브랜드이다. 스미토모 그룹의 발생지가 시고쿠(四國)이고 탄광이었다고 한다. 탄광에서 탄을 캐면서 끌어올리고 내릴 때면 감속 장치가 필요하기에 아마 감속기 제작 기술이 축적, 발전되었다고 생각한다.

스미토모 중공업(住友 重工業)과 거래하면서 스미토모 계열사인 스미킹(스미토모 금속), 오사카 기어(스미토모 감속기 기어 생산회사) 등과도 인연이 있었지만, 대형 운반기 생산업체이기에 미쓰비시 히로시마 거래 실적을 가지고 거래를 시작했다.

스미토모 중공업 니하마 공장

　　　　　　　　　　전문이 없는 것이 내 전문이다

스미토모 중공업이 있는 니하마(新居浜)는 뒤쪽에는 높은 산이 있고 앞은 바다로 물이 좋다고 한다. 아사히 맥주 공장도 여기에 있는데 곤도(近藤)와 같이 맥주 공장에 들러서 식사하면서 공짜 맥주를 먹은 적이 있다.

미쓰비시 히로시마에 비해 가격 조건이 좋지 않아 거래할 것인가를 망설였지만 물량 확보 차원에서 시작했다. 처음에는 단순기계 부품을 가공하여 납품했고 점차 거래를 이어가면서 Hook Ass'y, 대형 크레인 구동부를 조립 시운전 후 배를 빌려서 운송 납품했다.

Hook Ass'y는 대형 조선소의 상징인 골리앗 크레인에 설치되어 중량물을 들어 올리는데 상당한 하중을 견딜 수 있도록 단조하여 기계 가공과 수작업(그라인딩)으로 마무리한다. 구조적으로는 시브에 와이어가 걸쳐 있고 후크블록에 연결되어 있다. 이 후크블록에 후크가 달려서 중량물을 걸어서 상하좌우로 이동시키는 구조이며 이러한 중량물을 들어 올릴 때는 시브를 통해서 와이어가 드럼에 감겼다 풀렸다 하면서 상하 운동을 한다. 이때 드럼 역시 대형이다 보니 이를 가공할 수 있는 대형 선반이 (스윙5m* 길이10m 정도) 필요하고 들었다가 올리는 기계작동에는 필히 드럼이 들어간다. 지금까지 만들어본 드럼 중 가장 기억에 남는 것이 고베돔(축구장) 뚜껑을 열었다 닫았다 할 때 사용되었던 드럼인데 태원이 납품했다. 대형 크레인 구동부는 Hook Ass'y가 중량물을 달아서 정해진 위치로 크레인을 이동시킬 때, 전체적인 크레인 구조물의 하중과 후크에 걸려 있는 블록의 중량물의 하중(몇천 톤도 될 수 있다)을 견디면서 크레인이 이동할 수 있도록 구동장치를 설치한 구조물이다.

컨테이너 크레인

440톤 후크 어셈블리

　　　　　　　　　　　　　전문이 없는 것이 내 전문이다

Φ2000 와이어 드럼

　이때 구동장치에는 샤링(차륜)이라는 바퀴가 (크레인 크기에 따라 다르지만) 대략 30~60개 정도 조립되어 있는데 이 샤링은 직경이 대략 1m, 폭 0.3m~0.5m 정도의 크기다. 게다가 쇳덩어리로 형성된 바퀴이다 보니 상대적으로 제작 원가의 70% 정도가 소재비가 차지하고 가공비 비율이 낮다. 같은 규격을 몇백 개씩 대량으로 생산할 때는 일본 스미킹(스미토모 금속)에서 제작하고, 수량이 적고 종류가 다양할 때는(소량 다품종) 태원이 경쟁력이 있다. 차륜을 많이 만들 때는 연간 1,000개 정도 만들어 보냈다.

차륜

　이러한 Hook Ass'y 8SET 수주에 도전했을 때 최종 낙찰자로 선정되었는데 원 발주자 측에서 한국을 믿지 못한다고 해서 6개월에 걸쳐 실적과 제작 능력을 설명하고 수주하여 지금도 일본에서 첫째가는 대형 조선소인 이마바리 조선소의 골리앗 크레인용 후크를 우리가 제작 납품하여 잘 사용하고 있다.

구동장치   후크 어셈블리

이마바리 조선소 전경

　이러한 운반설비는 POSCO와 같은 제철소에서 쇳물 운반용으로도 사용하는데 일본 제철소 쇳물 운반용 크레인 2대를 60억 정도에 수주할 수 있었다. 하지만 마지막 경합 과정에서 창원에 있

는 현대위아(현대자동차그룹)에 자금력과 인지도에서 밀려 수주하지 못한 아쉬움도 있다. 언젠가 100억 정도 되는 프로젝트를 수주할 꿈을 다시 상상해 본다.

미쓰이중공업(三井重工業) 다마노공장

첫 방문은 오카야마(岡山)에 있는 우에마스테코(植松鉄工)의 다카하시(高橋) 사장과 같이 방문했다. 지금 생각해보면 우에마스테코는 선박의 엔진 케이스를 가공해서 다마노 공장에 납품하고 있었고 미쓰비시 히로시마 공장과 거리도 가까웠다. (히로시마 ⇒ 오카야마는 신간센으로 20~30분 거리) 두 공장 모두 일본을 대표하는 중공업이지만 입구에서 풍기는 분위기는 미쓰비시 중공업은 중후하고 역사적이고 위엄이 서린 반면, 다마노의 미쓰이조선은 보다 현대적이고 시스템이 잘 갖추어진 분위기로 이야기가 잘될 것 같은 느낌이었다. 거래를 확대해보려고 많은 시간과 노력을 했으나 물량적으로는 생각보다 큰 거래는 이루어지지 않았다.

내가 방문했을 때 미쓰이조선은 한쪽에는 선박 엔진 관련 일들을 하고 있었고 다른 한쪽에는 선박용 플랜트를 제조하고 있었다.

미쓰이조선 타마노 사업소

자연히 우리는 플랜트 쪽으로 거래를 텄다.

미쓰이 중공업 직원이 한국(부산지역)으로 출장해 오면 공항에서 픽업해서 제작사 방문, 통역, 식사, 사후관리 등 모든 업무를 우리가 맡아서 제공했다. 그때마다 경비를 미쓰이조선에 청구하면 미쓰이조선에서 경비를 우리에게 지급했다. 업무수행을 위해 우리가 국내에 있는 관련회사를 방문할 때 미쓰이조선 명함을 사용할 수 있도록 배려를 받아 미쓰이조선 부산사무실 역할을 하고 있었다. 그러나 이곳 역시 중공업의 퇴색으로 인해 차츰 일감이 줄어들고 거래도 더 이상 확대되지 않고 있다.

미쓰이조선의 진입로 쪽에는 해수욕장이 있었다. 한 번은 모래 만드는 설비인 크랏샤를 팔기 위해서 산양레미콘 최 회장님을 모시고 갔을 때 해수욕을 한 적이 있다. 공장 입구 쪽은 생각보다 협수했고 해안선을 따라서 들어가기에 길두 구불거렸다.

십수 년을 공들여 거래를 확장 시도했으나 미쓰이 부산사무소 역할만 인정받았을 뿐 거래 확장이 없었기에 아쉬움이 있는 공장이다.

배(선박)를 제조할 때 필요한 가공 부품들 즉, 용접 부분은 미쓰이조선에서 만들고(블록) 기계 가공이 필요한 부품은 미쓰이조선 머시니리에서 생산, 조립 완성품을 조선소로 가지고 가서 선박

롤러 가대   기어커버

STD(Steam Tube Dryer) Roller Trestle, Gear Cover & Tire Cover

전문이 없는 것이 내 전문이다

을 만들고 있었다. 선박도 화물선, 유조선, LNG선 등 여러 종류가 있는데, 이런 선박의 상층부에 여러 종류의 시설물이 설치되는데 여기에 필요한 부품들을 이 공장에서 제작하고 있었다. 여기서 역시 일본의 국민성이라 할까 특성을 느낄 수 있었는데, 어떤 일에 대해서 소위 말하는 총대를 메지 않는다. 직접 책임지고 업무를 추진하지 않고 모두가 공동으로 협의해서 일하는 스타일이다 보니 우리가 아무리 적극적으로 Dash를 해도 거래를 성사하는 데는 상당히 보수적이고 시간이 걸렸다. 결국은 지금까지 해오던 범주 내에서 지금까지의 방법으로 거래를 할 수밖에 없다 보니 규모에 비해 거래량은 적었지만 오바야시상은 부산에 오면 항상 찾아주었다. 그의 온화한 미소도 시간 속에서 정년을 앞두고 있다.

사누키 테코(讚岐鐵工)

내 인생에 일본과의 인연은 사누키 테코로부터 시작되었다. 지금은 부도가 나서 이마바리(今治) 조선에 인수되어 거래를 할 수 없지만, 언제나 일본 출장 때 세토오하시(瀬戸大橋)라는 다리를 건너 시코쿠(四國)에 들어갈 때 마루가메시(丸亀市) 오른쪽 매립지 쪽으로 내가 일본과 거래를 처음 시작한 회사 사누키 테코가 눈에 들어오면 착잡한 심경으로 옛날을 회상하게 된다.

사누키 철강 전경

사누키 철강은 바다 매립지에 지어진 7~8천 평 정도의 공장을 가진 중소기업으로 자체적으로 해상 운반설비인 트랜스퍼, 컨테이너, 지브 크레인 등 대형 크레인을 전문 제작하는 업체다.

정문에 들어서면 볼 수 있는 넓은 잔디밭과 인공호수가 인상적이었다. 여기서 하시모토(橋本)를 만났고 요시가와(吉川), 이노우에(井上), 기바(木場), 가즈미(勝見) 등의 부산 멤버를 만나기도 했다. 지금은 고인이 된 다부치(田淵)의 안내로 하시모토를 만났을 때 무엇이 전문인가 물어보길래 이 공장에서 나오는 모든 일감을 내가 다 가져 가야겠나는 마음으로 전문이 없는 것이 내 전

전문이 없는 것이 내 전문이다

사누키 철강 부산 멤버들

문이니 무엇이든 발주하면 제작 납품하겠다고 했다.

　이즈음 일본은 버블경제가 붕괴되는 끝자락이지만 업체에 따라 일이 넘쳤고 이것을 해결해 주는 업체를 찾고 있었다. 컨테이너 크레인을 비롯한 타워 크레인 각종 대형 크레인의 부품들을 소재에서부터 제관, 용접, 기계 가공까지 해서 납품하기 시작했다.

지브크레인 최초 수주분 제작하여 인계 현장 방문.
좌측부터 저자, 이노우에, 강 사장, 하시모토

지브크레인 상부에 설치될 윈치

　　　　　　　　전문이 없는 것이 내 전문이다

처음 일본과의 거래이기에 우선 신뢰할 수 있도록 해야겠다는 생각으로 그들을 초청했다. 일본은 일이 너무 많아 외주 가공할 곳이 없을 정도이니 한국에 주문하면 이를 충분히 소화하고 처리할 수 있는 능력이 있다는 것을 보여주기로 했다. 이를 위해 부산을 기점으로 창원, 마산, 진주, 대구 등지에 수많은 공장이 있는데 이 공장들을 당신네가 필요에 따라 사용할 수 있도록 내가 주선할 수 있으니 안심하고 발주하라고 했고, 시험 발주가 시작되었다. 일본은 자재 수급 원칙에 따라 발주한 제품을 생산할 수 있는 시설과 기술이 있는가를 우선 확인하고 발주했다. 제작과정에서 표준 공정대로 제작하고 있는지 확인하고 마지막으로 최종 입회 검사로 완성 품질을 확인한다. 따라서 한 프로젝트가 시작되면 업체 확인, 중간 공정 확인, 입회 검사 등 최소 3번을 한국에 출장와서 그들이 바라는 만큼의 품질과 납기로 제품을 만들어 가는 것이 일본 외주 제작 방식이다.

따라서 그들이 발주하고자 하는 제품을 생산 능력을 가진 공장을 2~3배수로 산정하여 보여주었고 주문을 받으면 그들이 선정한 업체에서 제작하여 납기 내에 맞추어서 선적했다.

신뢰와 근면 성실함이 인정될 무렵 그들의 최고책임자가 한국을 방문하겠다는 통보를 받았다. 나는 최고책임자가 한국에 머무르는 동안 인상에 남게 특별 이벤트를 계획했다. 그들의 최고책임자에게 강렬한 느낌을 줄 수 있도록 하여 계속 한국에 발주하기 위해서였다. 공항 경비대장인 강 선배를 찾아갔다. 공항에는 VIP 통로가 있다는 것을 알고 있었다. 모두 줄 서서 출입국 여권 심사를 받는데 그들이 항공기에서 내려서 공항 내 VIP실에서 차 한잔할 동안 여권 입국 처리를 하고 VIP 통로를 통해서 입국하도록 했다.(지금은 상상도 할 수 없는 일이지만 그때는 가능했다.) 아마 일본 기업인으로는 최고의 대우였고 일본 대기업 중역도 받아보지 못한 대우였다. 그리고 이 일은 영원히 기억되었고 그 지방 상공인에게는 부러움의 상징으로 오랫동안 회자되었다.

그 후 그들은 한국에서의 내 존재를 인정하기 시작했고 사누키 테코의 창립기념일 등 중요 행사 때마다 초청하였다. 여기서 부산 멤버가 결성되어 사누키 테코에서 나오는 외주는 내가 독점하여 한국에서 제작 납품했다. 그러던 어느 날 사누키에 갔을 때 중국 국기와 일장기가 걸려 있었다. 이는 중국으로 기술이 이전되고 있다는 것을 상징적으로 보여줬다. 내부적으로는 중국의 싼 가격에 밀려 재정 적자가 계속되어 있다고 들었지만 부도가 날 것이라고는 생각지도 않았는데 어느 날 출근하니 FAX가 들어오고 있었다. 내용은 일본 변호사로부터 사누키 테코가 부도 처리되었으니 채무 관계가 있으면 접수하라는 것이었다. 허무했다. 어렵게 일본과 거래를 텄고 인정받아 한참 거래가 잘 되고 있었는데 두 번째 거래처를 확보하지 못한 시점에서 하나 있는 거래처가 부도가 났다는 통보를 받은 것이었다.

나는 즉시 가보았다. 정문에 한국과 같이 쇠사슬이 걸려 있었고 공장도 가동 중지되어 있었다. 한국처럼 노사갈등이라든가, 거래처와의 마찰은 없었고 모든 것이 변호사가 법적인 절차에 의해서 정리하고 있었다. 다행히 미수금 전량이 수금되었고 부산 멤버들은 등록되어 있지 않은 재산(계측기, 베어링, 소재) 등을 한국으로 보내주어 훗날 유용하게 사용했다. 현장에 근무하는 부산 멤버는 다른 회사로 이직하여 일하게 되겠지만 문제는 하시모토였다.

일본 역시 부도가 나면 발주 담당자가 난처하게 되고 같은 지위로 다른 회사로 가기도 어려워 실업자 신세가 된다. 나는 다시 일본으로 갔다. 하시모토는 허리를 다쳐 병원에 입원 중이었다. 가지고 간 돈 300만 엔을 주면서 말했다. 그동안 당신 덕분에 번 돈 중 반을 가져왔다고. 다른 사람은 다른 회사에 취업할 수 있다고 보는데 당신은 취업하기가 어려우니 이 돈으로 조그마한 상사라도 만들어서 생활하라고 했다. 다시 경비 들어가며 일본에 오기 힘드니 그동안 감사했다고, 인연이 있으면 다시 만날 수 있겠지만 힘들지 않겠냐고 인사를 나누고 헤어졌다. 그 돈 300만 엔은 그가 요구한 것도 아니고 주어야 할 의무가 있는 것도 아니지만 하시모토의 처지를 생각해서 주고 온 것이다. 실제 그 덕분으로 번 돈이지만 300만 엔이라는 금액은 그 당시 나에게도 큰돈이었다.

훗날 하시모토는 일본 문화로는 상상도 할 수 없는 배려라 감동했다고 했고, 얼마 있지 않아 호네스트(Honest) 엔지니어링이라는 상사를 만들었다. 회사명도 하시모토의 하와 내 이름의 호가 들어간 상호라고 했다. 하시모토는 재기했고 그 300만 엔의 돈을 밑천으로 2019년도에는 70억 정도를 태원으로 발주했다.

세월의 흐름 속에서 사람이나 회사나 때론 어려움에 직면할 경우가 있다. 기술적으로나 생산 가치적으로 우월했지만 시간이 지나면서 상황이 변할 수 있다. 사누키 테코가 가진 경쟁력이 저가의 중국에 의해 떨어지면서 채산성이 악화하고 이를 은행 대출로 연명한 것이 잘못이었다.

회사가 처해있는 현실을 직시하고 타개할 수 있는 방안을 마련해야 하는데 계속되는 적자를 은행 대출로 연명하였기에 부도가 난 것이다. 채산성이 낮아 적자가 되면 우선 내부적으로 쓰임새를 줄여야 한다. 직원을 줄이고, 재고를 줄이고, 소모품을 줄이고 불필요한 장비와 자산을 처분하여 가볍게 해서 다시 상승할 수 있는 발판을 만들면서 대외적으로 영업을 강화하여 채산성을 높여가야 한다. 은행은 비가 오면 우산을 거두어 간다는 것을 명심해야 한다.

전문이 없는 것이 내 전문이다

명화공작소(明和工作所)

사누키 테코(讚岐鉄工)와 거래하면서 소개받은 회사다. 후쿠야마(福山)에 있고 기어 전문 생산업체이다. 처음 출발은 목형 공장이었다고 한다. 1,500평 정도의 중소기업으로서 공장 뒤쪽 뜰에는 창업자의 흉상이 있고, 지금은 사용하지 않고 있지만 전성기에는 직원들이 사용했던 기숙사도 있다. 지금의 키쿠다(菊田) 사장이 4대째 사장이라고 하고 창업 100년이 넘는 기업이다.

㈜명화공작소

태원과 업종(Gear)이 일치하다 보니 쉽게 가까워져서 거래를 할수 있게 되었다. 생산제품의 크기와 형태도 다양하고 주로 대형기어류가 많지만 소형 기어도 생산하고 있는데, 소형으로 수량이 많거나 또는 공정이 까다롭거나 정밀 연삭을 해야 하면 우리에게 발주하곤 했다.

키쿠다 사장은 키가 작지만 단단한 체구였고 급변하거나 위험성 있는 일은 지양하고 항상 안정되게 회사 운영하는 편이다. 명화공작소(明和工作所)는 일본 전국의 기계 공장을 영업 대상으로 하고 있다. 100년의 역사를 지니고 있기에 전국적으로 잘 알려져 있고 전국 어디서라도 단 한 개의 기어 주문이 오더라도 성의껏 생산 납품하고 있기에 여전히 거래처들로부터 신뢰받고 있다.

특히 일본 전통적 기업 문화인 영업적 차원에서 새해 업무가 시작되면 키쿠다 사장이 직접 야마지(山路) 부장을 대동하여 열흘 정도 간단한 선물을 사 들고 전국의 거래선을 찾아다닌다. 그

명화공작소 공장 내부

전문이 없는 것이 내 전문이다

가 이렇게 하는 것은 잊지 않고 지난해 발주해 주신 데 대한 감사와 올해도 단 한 개의 기어라도 필요하면 언제든지 주문해 달라는 부탁을 드리는 신년 인사 방문이라는 것이다. 궁극적인 목적은 고객과의 계속된 유대 관계로 신뢰성을 쌓아가는 전통적인 일본식 보수적 영업 방식이다.

기계 공장이라면 꼭 기어가 필요할 때가 있을 것이고, 아무리 소량이고 얼마 되지 않는 금액이라도 기어가 필요할 때는 명화 공작소를 떠올리게 된다. 이렇게 주문하게 되고 명화는 이를 잘 대응해 왔다.

전국을 대상으로 오랜 시간에 걸쳐 거래하다 보니 회사마다 일 년에 한두 개씩 발주가 되어도 많은 일감을 확보할 수 있다. 특히 일본의 특성상 한번 거래가 시작되면 상대가 큰 잘못이 없고 거절하지 않는 한 거래선을 바꾸지 않는다는 기업 문화가 있기에 명화처럼 100년의 역사를 가진 중소기업이 생존하지 않았나 생각한다. 우리의 경우, 지연과 학연 또는 인맥에 따라서 담당자가 바뀌면 거래선을 자주 바꾸는 아쉬움이 있다. 거래선이든 종업원이든 모든 것이 서로의 인연을 오래 가지고 간다면 기술도 축적될 것이고 신뢰와 소통 속에서 더 좋은 제품을 생산, 공급하며 상호 공존할 수 있을 것이다.

지금은 기계 공업에 있어서 기어가 차지하는 역할이 많이 줄어들었지만, 옛날에는 기계 공업 하면 기어를 상징할 정도로 동력 전달, 정확한 이송 비율, 펌프 등에는 기어가 들어갔다. 지금은 유압 또는 전자 등으로 대체되어 기어의 수요가 줄어드니, 기어를 만드는 기계를 생산하는 호핑머신 공장이 문을 닫고 이 기계를 사용하여 기어를 생산하는 공장이 문을 닫고 있다. 태원 또한 이 분류에 속하니 어떻게 하든 업종 변경 탈출을 하려고 노력하고 있다. 명화 역시 기어 주문이 줄어드니 감속기 오버홀(재생)로 명맥을 유지하면서 일반 기계 가공으로 전환하고 있다. 그래도 한때는 태원의 일본사무실 역할을 하기도 했다.

명화공작소 창립 100주년을 보면서 생각한다. 아무리 작은 가치를 가진 제품이라도 주문해 주신 것에 대한 고마움에 감사드

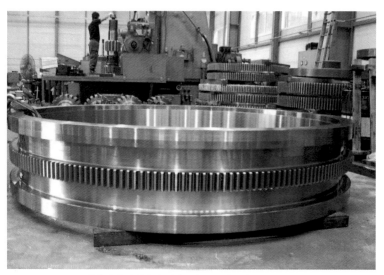

태원에서 제작하여 명화공작소로 납품한 Girth Gear

리는 것, 정성을 다해 대응하면서 생산, 납품하며 혹 오랜 시간 발주가 없더라도 언젠가는 잊지 않고 주문할 수 있으니 잊지 말고 안부 전하는 것, 상대가 찾아주면 아무리 멀고 이익이 없어도 달려갈 준비를 하고 불러 주신 데 대한 감사를 드리는 것. 이처럼 진정으로 고객이 왕이 아닌 신이라고 생각해야 회사가 존재할 수 있고 덕분에 내가 살 수 있는 것이다. 그러니 모든 고객에게 감사하는 마음으로 정성을 다하면 명화처럼 우리도 창립 100년 이상을 누리게 될 것이다.

언젠가 전 직원이 해외여행 차 일본에 갔을 때 명화에 들렀는데, 키쿠다 사장님은 우리 모두를 반갑게 맞이해 주었다. 벚꽃이 만발해 있는 기계단지 앞 중화요리 집에 모두를 초청해서 식사를 대접해 주었다. 그때의 인간적 고마움에 다시 한번 감사를 드린다.

코스믹공업(コスミック工業)

현대중공업의 회전기 사업부 최 사장님(훗날 현대중공업 회장)과 점심 약속을 했다. 코스믹에서 모터를 구입할 의사가 있다고 해서 연결한 것이었다.

대기업 회장이나 큰 회사 사장과 만날 때 만나줄 것인가 하는 불안감에 조금은 위축되기도 한다. 일개 조그마한 중소기업 사장이 대기업 사장에게 면담을 요청했을 때 대응해 줄 것인가 하는 걱정도 된다. 하지만 일단 정면 돌파하면 생각보다 수월하게 성사된다. 그날도 호텔 현대 바이라한(울산)에서 점심을 잘 얻어먹고 현장으로 안내받아 구매조건 협의해서 1억 원 정도 거래를 성사했다.

코스믹은 오카야마 쪽에 가깝지만 주소지는 후쿠야마이다. 튼튼한 자금력과 기술력은 갖춘 기업인데 사토(佐藤) 사장은 부품 조달 원가를 낮추기 위해 한국에서 부품 조달을 원했다. 나는 이분이 보고 싶어 하는 한국의 크고 작은 기업들을 며칠에 걸쳐 안내했다.

코스믹은 무대 장치, 실린다형 리프트, 철도 보조 설비 등을 설

코스믹공업㈜ 전경

전문이 없는 것이 내 전문이다

계 제작하는 업체이며 1, 2공장 해서 4~5천 평 될 것으로 예상된다. 볼 스크류 생산 설비는 상당한 경쟁력을 가지고 있고 설계 능력도 있어 중소기업이지만 세계적으로 이 분야에는 명성을 가진 업체이다. 강소기업이다.

현대중공업 회전사업부 제삭 코스믹향 모터

우리는 소형기어, 케이스, 모터, 단품 등을 수주받아 제작 납품하고 있다. 코스믹도 표준 생산판매가 아닌 수요자의 요구에 따라 설계 제작하다 보니 소량 다품종으로 구성되어 있다. 주문자의 요구에 따라 사이즈가 다른 여러 종류의 제품을 생산하다 보니 어려움이 많고 이를 사외에서 조달하면 소재, 용접, 열처리, 기계 가공 등 여러 공정을 거쳐 제품을 만들어야 한다. 이런 모든 공정의 시설을 다 갖춘 회사는 어느 정도 규모가 있어야 한다. 그 규모를 갖춘 회사라면 자체 제품을 생산 판매하지 타 회사의 부품을, 그것도 대량생산, 아니 소량 다품종을 수주받아 제작하지 않기에 코스믹으로서는 사외에서 부품을 조달하기가 어렵다. 남들이 쉽게 덤벼들 수 없기에 나에게 발주할 수밖에 없는 이것이 메리트라 생각하고 거래를 시작했다.

코스믹은 외주 조달해야만 하고 외주 제작회사는 여러 제작공정에 대한 전문성이 있어야 한다. 공정마다 시설이 있어야 하고 소량이면서 각각 크기와 형태가 다른 제품 즉, 소량 다품종이니 모두가 싫어하고 힘들고 어려운 사항이기에 우선 경쟁자가 없을 것으로 생각했다. 나만 좀 더 열심히 움직이면 좋은 가격에 안정적인 거래를 할 수 있다고 판단했다.

코스믹은 오너가(사토佐藤상) 직접 생산에 관여하는 시스템으로 사토(佐藤) 사장이 영업, 설계, 제작, 외주 조달에 다 관여하고 있기에 우선 사토 사장과 인간적 신뢰를 쌓아갔다. 30여 년긴의 기래 속에서 몇 번의 고비도 있었지만, 문제 발생 시 즉각 출국해서 현장에서 문제점을 파악하고, 우리 잘못으로 판명되면 즉각 재제작해서 대치함으로써 상대가 우리를 믿고 신뢰할 수 있도록 했다.

소액(한 개 500원)으로 한 개를 주문해도 감사하다고 하고 만들어서 보냈다. 코스믹에서 어쩔 수 없이 하루 이틀 만에 제작해달라는 특수한 경우에도 잘 대응해 주었고, 코스믹도 월 5~6천 많을 때는 1억 원 넘게 꾸준히 발주해 주고 있다.

한참 일이 많고 바쁠 때 우리 담당자들이 상대적으로 귀찮고 돈이 안 되니 코스믹의 일을 하지 말자고 했지만, 많이 남지 않더라도 매달 꾸준히 주문이 오니 일거리 확보 차원에서 하자고 설득했다. 이렇게 하다 보니 30여 년을 거래하고 있다. 일본은 신뢰가 쌓이면 거래를 바꾸지 않는다는 믿음이 있고 원가 상승 요인이 발생 시에는 짜지만 얼마라도 인정해 주니, 우리도 의리를 지키면서 그들이 요구하는 가격, 납기, 품질을 맞추어 가면서 평생을 서로 상부상조해야 할 것이다.

한국 음식 만들기를 좋아하고 주말이면 요트를 가지고 바다로 나가고 골프를 즐겼던 사토 회장님, 그리고 태원과 거래를 위해 많은 노력을 해 주고 처음 자가 공장을(대표) 사서 개업식을 할 때 지금의 사토 사장(2대 사장. 당시 과장)을 데리고 와서 축하해 주었던 이노우에 부장, 현장에서 항상 품질 수준을 위해 노력해 주신 콧수염의 테라오카 부장, 모두가 은퇴했다. 또한 사토 사장도 나도 일선에서 물러서 있지만 2세들 간에 거래도 잘 진행되고 있으니 좋은 거래처임이 틀림없다. 거래처도 종업원도 길게 길게 인연을 가져가야만 된다는 내 생각에는 변함이 없다.

오늘도 제작, 납기, 품질에 문제가 없는지 확인해야 한다. 우선 내가 잘 지켜야 그들이 나를 인정하고 신뢰 속에서 거래가 유지되며, 돈을 떠나 상호 인생의 인연을 이어갈 것이기 때문이다.

삼화 테스코(三和テスコ)와 포에크 그룹

사누키 테코(讃岐鉄工) 부도 후 2~3년 정도 시간이 흐른 후 제2의 거래처를 찾아 일본을 방문해서 찾아간 곳이 삼화 테스코(三和テスコ)였다. 내가 찾아갔을 때 삼화 테스코도 일본의 버블 시기에 부도가 나서 회사 주인이 없고 종업원이 회사를 운영하고 있었다. 우리 같으면 은행 관리 형태의 회사였다.

우선 부채에 대한 이자 지급에 부담이 없고 벌어서 종업원 월급만 가져가면 되는 상태였다. 1, 2공장에 전용부두를 가지고 있는 규모가 큰 중견 기업이고 보일러, 용접구조물, 엔진 블록 등의 제품을 생산하는 회사였다.

전문이 없는 것이 내 전문이다

삼화 테스코

　기본적으로 압력용기에 대한 설계, 제작 능력이 대단했다. 현장 최고책임자인 모리모토(森本)를 만났는데 정말 자상하고 인정 많고 부지런한 사람이었다. 현장 부장으로서 사내 서열 3~4번쯤 되는데 하나라도 도와주려고 애를 써 주었다.

　히데오라는 영업 담당 부장은 미쓰이조선(三井)를 비롯해서 삼화 테스코와 영업적 관계가 있는 모든 거래선에 우리 태원을 소개하고 발주할 것을 권했다. 은퇴할 나이가 되었지만 종업원들을 위해 몇 년 더 일하고 좋아하는 골프나 치면서 여생을 보내겠다고 말했다. 특히 Rack Gear라든지 신일 제철(현 日本製鐵)의 밸브는 매년 정기적으로 우리에게 발주했고 제관 회사지만 관련된 기계 부품은 철저히 우리에게 발주했다. 훗날 이 공장을 포에크의 키타야마(來山) 회장이 인수하게 되었다.

　포에크 그룹은 초창기 펌프류의 판매를 독점하는 상권을 가지고 시작해서 조선 엔진의 중요 부품인 브란쟈(Plunger)를 생산하는 동양정밀(오카야마)을 인수했다. 연이어 삼화 테스코를 인수하면서 기업 상장시킨 상장그룹이다. ㈜태원코퍼레이션을 설립하면서 하시모토에게 포에크 그룹이 투자할 수 있도록 주선해 달라고 했다. 결과적으로 ㈜태원코퍼레이션은 명목적으로 일본 호네스트, 포에크, 태원공업이 투자한 외국인 투자법인으로 출발했다. 이를 성사할 때 포에크 그룹의 키타야마(來山) 사장, 우네메(采女) 부사장을 비롯해서 외환은행의 부산 본부장인 이병태 본부장 등이 참석했다.

키타야마(木山) 회장은 작은 섬, 그림 등을 사는 것이 취미이고 많은 부를 가졌다. 계열회사도 잘 되고 있었지만 특별한 취미나

한일합작회사 설립, 좌측부터 우네메 부사장님, 하시모토 사장님, 키타야마 사장님, 저자

전문이 없는 것이 내 전문이다

인간관계는 없고 내가 가면 항상 반겨주고 자기 자랑, 특히 발명품에 대해 자랑했다. 고급 식당에서 충분한 시간을 가지고 식사하기를 즐겼고 항상 대접을 잘 받았다. 기업을 이끌어갈 2세가 없었고 자금, 기업 운영 등에는 별 욕심이 없어 보였다. 하시모토의 주선으로 포에크 그룹이 ㈜태원코퍼레이션에 투자했지만 10여 년이 지난 지금도 투자에 대한 원금, 배당에 대해서는 별 관심이 없다.

우리에게 투자한 1억도 상장시킬 때 장부상 손실 처리했다는 말을 들었다. 처음 3~4년 정도는 매년 얼마 정도의 배당금을 챙겨서 인사차 찾아가서 드렸다. 그 후 묻지도 않고 투자 금액도 잊으라고 하지만 훗날 챙겨 주어야 할 것이다.

삼화 테스코는 일본 쪽에서 직접 한국으로 발주할 수 없을 때 (군수품 또는 정부 공사) 명목상 우리를 대신해서 수주받아 다시 우리에게 발주하는 역할로 도움을 많이 주었다. 무엇보다 일보다도 인간적인 면에서 사람과의 정을 많이 느끼게 하는 회사였다. 일본 속에 있는 친 한국적인 회사였다.

일본과 거래 시에
유의할 점

한국과 일본은 같은 동양 문화권이다 보니 거래에 있어서 생각과 행동이 유럽이나 미국 쪽보다 좀 더 가깝게 동질감을 느낄 수 있다. 서로의 감정을 잘 이해할 수 있기에 거래에 도움이 될 수 있지만 그래도 국적이 다르고 문화적 관습에 다소의 차이가 있어 혼동하는 경우가 자주 일어난다.

첫째, 배려를 착각하지 말라

영업적으로 상품을 설명하면서 거래조건들을 제시했을 때 일본 측에서 '잘 알았다.', '검토해 보겠다.'라고 하면 한국의 경우는 상당히 긍정적이고 성사 가능성이 크기에 곧 좋은 연락이 올 것으로 기대한다. 하지만 일본으로서는 상대방을 배려하는 차원에서 부정적이고 극단적인 표현을 잘 하지 않는다. 즉, 거래할 수 없다고 표현하지 않고 검토해 보겠다고 하는데, 이는 상대방을 배려하는 표현일 뿐 거래가 성사되지 않는다고 보는 것이 맞다. 일반 식당 또는 상점에서도 저녁 영업시간 전에는 우리의 경우 클로즈 즉, '잠겼다. 닫혔다'로 표현하는 편인데 일본의 경우에는 '준비 중'이라고 한다.

또한, 우리가 어떤 물건을 만들어서 최종 시운전 입회 검사를 받을 때 제품에 하자가 발견되면 우리는 그 제품을 '불량'이라고 부르지만 일본 사람들은 '합격하지 못했다'고 한다. 불량이나 합격하지 못했다는 것은 똑같은 결론이지만 일본 사람들은 상대방을 배려하는 차원에서 합격하지 못했다고 하는데, 이 말을 듣고 우리는 종종 조금의 하자가 있지만 특채 정도로 사용하지 않겠는가 하는 느낌으로 받아들인다. 하지만 합격하지 못했다는 이 말은 폐기하고 다시 만들든 수정해서 재검사받으라는 뜻이다. 즉, 일본은 상대방에게 결과가 좋지 않으면 자극적이거나 부정적으로 표현하지 않고 상대방이 들었을 때 기분 나쁘지 않게 표현한다. 일본과 거래를 할 때는 끼꾸바리(気配り) 배려 정신 즉, 상대방에게 대한 배려 문화가 있지만 배려와 냉혹한 영업적 현실을 착각해서는 안 된다.

둘째, 겸손한 자세로 임해라

두 번째는 자신을 낮추고 상대방을 올려 주는 것인데 자칫 잘 못하면 우리가 우월적 위치이고 갑의 지위에 있다고 생각하다 가 거래를 망치는 경우가 발생한다. 즉, 우리 회사 사장이라고 하지 우리처럼 우리 회사 사장님이라고 하지 않고, 우리 부장이 라고 하지 상대방에게 우리 부장님이라고 하지 않는다. 이 또한 우리 회사가 상대적으로 더 크고 거래에서 유리한 조건에 있어 서가 아니라 상대방을 배려하여 자신을 낮춘 것이니 착각해서 는 안 된다.

또한 직급이 낮은 사람이 자기 회사 부장 누구누구 또는 사장 누구누구라고 해도 이는 건방진 것도 아니고, 예의에 어긋나는 것이 아니다. 일본에서는 아무리 큰 회사라도 상대방이 아무리 작은 회사라도 자신의 회사 사람에게는 존칭(님)을 부르지 않지 만, 상대방 회사 사장은 사장님이라고 존칭을 사용하는 것도 자 신을 낮추고 상대방을 존경하는 뜻이다. 일본 사람은 '스미마셍' 이라는 말을 많이 사용하는데 말의 기원이 '내가 아직 성숙하지 못했다.'라는 뜻이라고 한다. 이 또한 나를 낮추고 상대방을 올려 서 배려하는 차원이라고 보면 된다. 따라서 항상 낮고 겸손한 자 세로 업무에 임해야 한다.

셋째, 함부로 말하거나 약속하지 말라

한국인은 정이 많은 민족이다 보니 잠깐 대화하고 저녁 먹고 술 한잔하다 보면 거래에서 자신이 가지고 있는 카드를 상대방에게 다 보여주고 의리와 인연을 강조한다. 이에 반해 일본의 민족성은 상대방에게 절대 자신의 마음을 즉흥적으로 다 내놓지 않는다. 상대를 배려해서 자신을 낮추고 말은 부드럽고 자극적인 표현을 쓰지 않지만, 속마음은 절대 다 내놓지 않는다. 그래서 혼네(속마음)라는 일본말이 있다. 여기 착각하다 내 마음 내 카드 다 보여주고 손해 보고 빈털터리 거래를 하고 돌아올 수 있으니, 일본 사람의 말과 행동만으로 판단하지 말고 내용을 꼼꼼하게 살펴서 결정해야 한다. 그래도 거래가 시작되면 내가 배신하지 않고 신뢰를 잃지 않으면 평생 같이 믿고 거래를 하는 것이 일본이다. 거래에 대한 고마움도 표시하고 새해가 되면 아주 작은 선물이라도 준비해서 거래처에 매년 인사를 가는 것이 상식이다.

즉, 우리 회사가 올해도 열심히 할 테니 잊지 마시고 거래(주문)해 달라는 인사로 찾아가는 것이고, 맞이하는 발주처에서도 찾아온 부분에 대해 감사하며 쉽게 거래선을 바꾸지 않는 것이 또한 일본의 거래문화이다. 혹시 제품에 하자가 있더라도 즉시 조치하고 발생 경위를 설명하고 재발 방지 노력을 다하면서 신뢰를 지키면 영원히 거래를 지속할 수 있다.

넷째, 상대방에게 피해를 주지 말라

일본 하면 와(和)와 남에게 피해를 주지 않는다는 것이다. 와는 평화, 조화 등으로 잘 어울리는 것을 상징함으로 한 번 거래하게 되면 협력의 의미를 지닌다. 우리라는 같은 조직, 구성의 의미를 갖게 되고 일본 사람이 태어나서부터 배우는 것이 남에게 피해를 주지 말라는 것이다. 거꾸로 이야기하자면 절대 피해를 보아서도 안 되는 자존심이 있다. 매스컴에서 업무 관계로 책임지고 자살했다는 말을 종종 들었다. 이 또한 자기 업무 잘못으로 인해서 남에게(동료 직원) 피해를 주는 것을 수치라 생각하기 때문에 생을 마감하면서 그 피해준 것에 대해 사죄하는 것이라 보면 된다.

그런데 개인적으로는 남에게 절대 피해를 주어서는 안 된다고 교육하고 피해준 것에 대해서는 죽음으로 사죄하는데, 국가 간에 대해서는 그렇지 못하다고 생각한다. 임진왜란, 식민지 시대에서 우리는 피해를 당하였다고 생각하는데 그들은 정말로 피해 주지 않았다고 생각하는 것일까? 아니면 정치적으로 억지를 부리는 것인가? 좀 더 생각해 봐야겠다.

일본과 거래를 시작하면서 항상 가슴에 태극기를 안고 갔다. 그러나 만나본 보통의 일본 사람들은 정치적이거나 역사에 대한 감정이 있지 않음을 느꼈다. 국가 간에는 국경이 있지만 사람 마음과 경제에는 국경이 없음을 느꼈다. 시간이 흐르고 자주 만나면서 더욱 인간적으로 친숙해지고 많은 배려도 받았지만, 한국이든 일본이든 때론 그렇지 못한 사람들도 있다. 특히 현지에 거주하는 재일 교포와의 거래에는 신중히 처리해야 한다. 일본 현지인보다 재일 교포이기에 더 정이 가고 믿음이 있기에 쉽게 약속했다가 손해 보는 경우가 많다. 외국 출장에서의 마음가짐과 행동에는 항상 긴장 속에서 조심해야 한다.

마지막으로 세계적 관점에서 판단하라

한국과 일본은 동양 문화권으로 많은 것이 닮았지만 나름대로 국민성이 뚜렷하다. 한국의 경우 눈물과 웃음소리가 넘칠수록 솔직하고 정 많고 자연스럽다고 평가한다. 일본의 경우에는 눈물을 참으며 감정을 통제하는 모습을 미덕으로 여긴다. 어쩔 수 없이 눈물을 흘릴 때는 아무 말 없이 뒤돌아 혼자서 삭힌다.

감정은 이성을 마비시킨다고 한다. 울면서 지나온 과거사를 하소연하는 것은 한국에서나 통하지 세계관은 아니다. 독도 문제와 경제 그리고 국방에 대해서 우리끼리의 애국적 감정으로서가 아닌 국제적 관점에서 세계관을 가지고 이성적으로 대처할 필요가 있다고 본다. 과거 역사를 탓하며 일본을 무조건 배척하는 것은 어리석은 일이다. 죽창을 들고 일본 제국에 맞선 동학군은 처참하게 패배했다. 죽창가를 불러서 일본을 이길 수는 없다.

일본과 선의의 경쟁을 하면서 서로 앞서 있는 분야의 정보를 교류하고 상호 발전하는 계기로 삼는 것이 진정한 극일의 길이다.

거래에서도 정보다도 냉철한 판단으로 현실을 직시하여 결정해야 한다. 내가 잘못한 부분은 내 책임으로 조처해야지 인정과 감성에 호소해서는 안 된다. 따라서 문제 발생 시에는 신속히 조치하고 발생 경위와 재발 대책을 설명하면 된다. 누구나 일을 하다 보면 잘못할 수 있음을 충분히 이해하니 현실을 직시하고 솔직하게 설명하면 와(和)의 정신으로 양해할 것이다. 따라서 인정과 감정의 호소보다 솔직한 인정에 따른 신속한 조처가 우선이다.

일본 버블경제와
잃어버린 30년

　도쿄 대공습에 이어 히로시마, 나가사키의 원폭 투하로 일본
은 태평양 전쟁에서 패망했고 주요 산업 시설은 철저히 파괴되
어 일본 경제는 몰락했는데, 이러한 일본 경제를 회생시킨 것이
6.25 한국 전쟁이었다.

　미군이 한국 전쟁에 참전하면서 병참 물자를 일본에서 조달하
기 시작했고, 일본은 산업 시설은 파괴되었으나 전투기, 전차를
생산하던 기술을 보유하고 있었기에 미군이 발주한 군용 차량,
군용기 등을 수리하면서 서서히 일본 제조업 경기가 살아나기
시작했다.

　한국 전쟁으로 어느 정도 산업 기반이 갖추어졌을 때 미국은
탁월한 기초 기술로써 초기 반도체 개발에 성공했고, 이 특허 기
술이 OPEN 되자 일본은 이를 대량 생산하여 상업화에 적용시

켜 휴대용 TV, 워크맨(휴대용 카세트), 일반 전기 제품을 생산하여 미국에 대량 수출함으로써 히타치, 도시바, 소니, 산요 등 일본의 기라성 같은 전기 제품 생산 기업이 일본의 고속 성장을 주도하면서 많은 이익을 창출하기 시작했다.

또한, 일본 기업들은 정부의 금융 지원으로 기술 개발에 투자를 계속하면서 1964년에는 시속 200㎞를 달리는 세계 최초의 고속 열차 신간센이 개통되었고, 1969년에는 동경 올림픽을 개최하면서 미국을 비롯한 세계 시장으로 수출이 늘어나면서 일본 제품이 세계 시장을 장악하면서 1968년에는 패전 20년 만에 세계 경제 2위라는 경제 대국으로 발전했다.

1970년대 초(1973년) 1차 오일쇼크가 발생했을 때, 미국의 승용차는 대형으로 무게가 무거워 기름(연비)을 많이 소비하는 것에 비해 일본은 우수한 연비를 가진 경차를 개발하여 미국 자동차 시장을 석권하면서 세계 제일의 자동차 생산국으로 발돋움하면서 미국 시장에서 가전제품, 일반 생활용품, 자동차에 이르기까지 미국의 내수 시장을 완전히 일본 제품이 차지함으로써 미국의 제조업은 경쟁력을 상실하고 파산되는 공장이 늘어나고 실업자가 속출하기 시작했으나, 일본의 기업들은 싼 이자로 은행으로부터 대출을 받아 기술 개발과 설비 투자를 통해서 더 많은 물품을 생산하여 수출을 늘리면서 엄청난 경제적 이익을 가져가고 있었기에 미국은 플라자합의(G5)를 통해 강제적으로 일본 논 엔화의 가치를 2배로 상승시켜(환율 조정) 미국 내 일본 제품 가격을 2배로 올리고, 자국의 제품 가격을 반으로 낮춤으로써 미국과 일본 시장에서 미국 제품의 가격 경쟁력을 갖추고 잘 팔리도록 유도했으나, 이미 일본 제품이 미국 가정의 생활 깊숙이 들어와 있기에 일본 제품의 가격이 2배로 올라도 일본 제품은 잘 팔렸고, 미국 제품은 가격이 반으로 떨어져도 미국과 일본 소비자들은 미국 제품을 구매하지 않아 별 효과를 거둘 수 없게 되자 미국은 다시 한번 일본 시장의 전면 개방과 소비 확대 촉진을 위해 일본 정부가 은행 이자를 5%에서 2%로 낮추도록 하여 일본의 소비 확대를 부추기기 위해 루브루합의(G7)를 했다.

이에 따라 은행 이자가 낮아지자 일본의 소비 심리가 작동되어 더 많은 제품이 팔리기 시작하면서 일본 내 경기는 한층 좋아지고, 낮은 은행 이자로 기업들이 대출을 받아 기술과 설비 투자에 따른 생산성 향상으로 질 좋은 많은 제품들이 더 생산되어 기업들은 더 많은 이익을 내면서 일본 경제는 초호황 시대에 접어들었고(1985년), 남아도는 돈으로 주식과 부동산에 투자하여 하루가 다르게 주식과 부동산이 상승하고 일본은 눈에 보이지 않는 버블경제시대로 돌입하고 있었다(1986년 버블경제 시작).

일본의 기업과 개인은 쌓이는 부를 주체할 수 없었고, 은행으로부터 싼 이자로 대출을 받아 주식과 부동산에 투자하게 되었고, 주식과 부동산이 2~3년 사이에 실제적 가치를 넘어 3~4배씩

오르고 있었고, 급기야 이러한 남아도는 자본으로 미국, 유럽 등지에 부동산을 매입하고 미술품을 비롯한 명품들을 사들이기 시작했고, 부동산 가치가 거품으로 인해 동경의 땅을 팔면 미국 땅 전부를 살 수 있을 정도로 부동산이 올랐고, 일본의 보통 기업의 주가가 미국의 유명한 세계적 기업의 가치보다 더 높게 평가되는 거품이 낀 버블경제가 극에 달했던 1989년 말, 새해 1990년에는 주가와 부동산이 더욱 오를 것으로 모두가 기대에 넘쳐 있을 때 일부 몇 사람들은 너무나 많이 오른 주식에 불안을 느껴 1990년 새해가 시작되자 일부 주식을 팔기 시작하니 주식과 부동산이 떨어지기 시작했고, 이러한 버블이 붕괴되는 위험을 감지한 일본 중앙은행이 더 이상 투기를 막기 위해 은행 금리를 올리기 시작했고, 급기야 부동산과 주식의 가치가 떨어져 팔아도 은행 대출을 갚지 못하자 기업과 개인의 도산이 속출했고, 빌려준 돈을 돌려받지 못한 은행은 담보로 잡은 부동산을 팔아도 부동산 가격 하락으로 대출금 회수가 불가능하여 개인 파산에 이어 은행도 파산하기 시작하면서 일본의 버블경제가 완전히 무너지기 시작하면서(1990~1991년 버블경제 붕괴) 기업과 은행이 도산하고 실업자가 늘어나자, 일본 정부는 다시 은행 금리를 0%대로 낮추면서 경제를 살려 보려고 했으나, 외부적으로는 한국을 비롯한 아시아 각국의 IMF 발생과(1997년) 미국 발 금융 위기(2008년 리먼사태)가 계속되어 세계 경제가 추락하고 있었고, 국내적으로는 금세기 최대의 피해를 가져온 고베, 한신 대지진(1995년)으로 더욱 경제가 위축되었으며(잃어버린 10년), 이를 극복하기도 전에 동일본 대지진(2011년)으로 인한 쓰나미 발생으로 엄청난 산업 손실과 재정 손실을 초래하고, 무엇보다 후쿠시마 원전 폭발은 일본 경제 재건에 어려움을 가중시켰기에 일본 정부는 세계 최초로 아베 총리가 무제한 양적 완화라는 명목으로(아베노믹스) 일본 엔화를 찍어 내어 잃어버린 일본 경제 재건에 나서 다소 경기가 상승했으나 코로나 팬데믹(2019년)으로 세계 경제가 동반 추락하여 일본 경제도 어려움이 가중되고 있고(잃어버린 20년), 잃어버린 20년이 될지 30년이 될지 아직도 진행 중이다.

지금의 시계 경제는 미국과 중국 2강 체제로 진행되고 있고, 일본이 버블경제전 세계 경제 대국 2위의 탈환은 장담할 수 없는 실정이다.

1991년 버블경제가 몰락(붕괴)하기 시작했지만, 우리 태원이 1993년부터 일본으로 진출했을 때 아직도 버블의 끝자락 경제에서 일본의 제조업들은 헤매고 있었다. 지난 일이지만 우리가 2~3년 빨리 일본에 진출했다면 더 많은 거래에 따른 수익이 있었을 것이라고 본다.

IMF가 오기 전에 우리 국민 대다수는 IMF라는 의미를 몰랐고, 버블경제가 붕괴되기 전에 일본 국민 대다수도 개인 파산에 따른 은행과 기업의 도산을 예측하지 못했지만 IMF나 버블경제 붕괴에 따른 국민들의 고충은 엄청났고, 우리는 국민 모두가 힘을 모아 IMF를 조기 종식했지만 그것을 감당하기에는 아픔이 너무나 컸다.

일본의 버블경제 붕괴 후(1991년) 정상적 경제로 돌아가기 위해 처음에는 잃어버린 10년이라고 했고, 10년이 지나도 회복되지 않으니 2002년에 들어서서는 잃어버린 20년이 되었고, 이후 일본 경제가 어떻게 될지는 알 수 없는 상황이고, 이러한 IMF이든 버블경제 붕괴든 양국 국민이 겪어야 하는 고충은 엄청나서 30년이 된 지금에는 자살률 증가와 출산율 저하 같은 사회 문제에 최근에 들어 노인 인구 증가라는 고령화 시대에 따른 새로운 과제를 해결해야 하는 실정이며, 인구 감소와 노령화는 작은 경제위기에도 큰 충격을 받기 때문이다.

국가든 기업이든 지나온 역사 속에서 금융 위기나 자연 재해 등 언제든지 올 수 있는 위기 상황에는 기본적으로는 기업 경영의 기초 체력과 차입 경영에 따른 위험을 낮추어야 할 것이며, 실질적 사항을 정확하게 판단하여 내실을 중시하고 모양새만 갖춘 기업 경영은 기업의 도산을 초래하니, 어렵고 위험한 재정 상황이 오면 낮은 자세에서 현실적으로 감당이 가능한 기업 경영 체제로 전환시켜 모든 지출을 줄이면서 재도약의 길을 찾아 빠져나가야지 좋은 시절이라고 흥청망청하다 보면 국가도 기업도 살아질 것이니 하루라도 빨리 위험 구간을 빠져나가도록 해야 백년대계가 이루어실 것이다.

나의 일본 출장길

부산 사하구 쪽에 살다 보니 공항 가기가 가깝고 편리하다. 집 또는 사무실에서 20~30분 정도면 공항에 도착하고 출국 수속 도 10~20분이면 충분하니(기업인 전용 출구 이용) 비행기 출발 시간 1~1.5시간 전에 나서면 여유 있게 갈 수 있다. 출장길은 부산 ⇒ 후쿠오카나 부산 ⇒ 오사카로 입국하게 되는데 주로 후쿠오카를 선호한다.

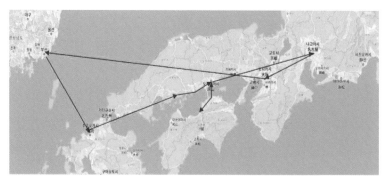

부산·후쿠오카-히로시마-후쿠야마-오카야마-시코쿠-나고야-오사카-부산

일본과 거래가 시작된 1993년부터 30여 년 정도 매년 많을 때는 한 달에 2~3번, 적어도 한 번은 갔으니 300회 이상 간 것 같다. 우선 후쿠오카로 입국하면 택시를 타고 10~15분 정도면 하카다 신간센 역에 도착한다. 이곳 하카다는 옛날 몽골군이 마산에서 출발하여 일본에 들어왔을 때 가미가제(태풍)로 인해 상륙하지 못하고 돌아간 곳으로 관부 연락선이 있는 시모노세키하고도 가깝다. 하카다를 기점으로 항공편, 배편(페리, 고속정)으로 많을 때는 부산 ↔ 하카다가(시모노세키 포함) 일일 3~4천 명이 들어오고 나가는 관문이다.

하카다에서 신간센을 타고 1시간 30분 정도 달려가면 미쯔비시 중공업이 있는 히로시마이다. 일본 거래 초창기 거래 중심이 미쯔비시 중공업 히로시마 공장이다 보니 자주 들렀다.

이마미찌(今道英樹)가 담당으로 집으로 초대받아 간 적이 있는데 전통적인 일본식 주택이다. 겨울이지만 별도의 난방시설은 없고 거실에 탁자를 놓고 탁자 밑에 전등을 켜고 탁자에 보를 씌워서 밑으로 늘어뜨려 모두 발을 탁자 밑에 넣고 따뜻한 차를 마시던 기억이 난다. 일본은 다다미로 되어 있으니 보일러 난방을 하지 않고 전구의 열을 탁자 보로 가두고 그 속으로 모두가 발을 넣어서 따스함을 느끼게 하는 보온 방식이다. 우리는 추우면 보일러를 최대로 올리지만 우리보다 소득이 더 높고 잘 사는 일본이지만 개인적으로는 이렇게 난방비를 아끼고 있는 것이 기억에 남았다.

히로시마 근처 내해인 세토나이카이(瀨戶內海) 부근에 미쓰비시 중공업이 있고 미쓰이조선, 히타치조선, 스미토모 중공업, 가와사키 중공업 등 일본을 대표하는 중공업 회사가 많고 이곳을 거래하는 하청 업체도 많다 보니 우리의 거래선도 이 세토나이카이를 기준으로 이루어진다. 일본 진출 초기에 기계가공품을 수주하여 미쓰비시와 거래를 시작했고 여기서 일을 마치면 다시 신칸센을 타고 한 구간(약 20분) 가면 후쿠야마시(福山)가 있다. 후쿠야마에는 명화공작소, 코스믹, 후쿠단, 포에크 등 많은 거래선이 있는데 우선 명화공작소에 들른다. 키쿠다(菊田) 사장이 있는 명화는 기어를 전문 제작하는 회사이고 초창기 우리의 일본사무실 역할을 하기도 했다. 들러서 인사하고, 돌아가는 일본 경제 흐름을 듣기도 하고, 필요에 따라 승용차를 얻어 타고 아라이(荒井)와 같이 코스믹으로 간다. 코스믹에는 한국 음식 만들기를 좋아하는 사토(佐藤) 회장이 있고 이노우에(井上) 부장, 마에바(前場), 임씨 성을 가진 하야시(林) 등도 한국에 자주 출장을 왔다.

주로 무대 장치, 리프터, 실린더, 볼스크류, 소형 기어박스 등을 생산하는데 아주 긴 볼스크류를 전문 생산할 수 있는 장비를 갖추고 설계 능력이 있는 회사다. 우리와는 기어 또는 케이스, 일반 기계 부품을 25년 이상 꾸준하게 거래하고 있다. 시간이 되면 이곳의 오코노미야끼는 오사카와 다른 스타일인데 아주 맛이 있으니 권하고 싶다.

다시 해변 쪽으로 내려오면 JFE와 후쿠야마 단조가 있는데 후크 또는 시브 등을 기계 가공해서 납품 거래하는 회사다. 사장님이 연세도 많고 건강이 좋지 않아 동생인 부사장 요코데(橫手)가 한국에 자주 오는데, 백 년을 살겠다고 항상 백세주를 즐겼고 말년에는 조카가 사장에 취임하자 퇴임하고 절에 들어가 스님 생활을 하기도 했다.

아침 일찍 부산에서 출발하여 후쿠오카로 입국해서 히로시마, 후쿠야마에 영업차 들르면 하루가 저문다. 저녁에는 중고 기계업을 하는 야마지(山路)와 만나서 스낵에 가서 한잔하면서 중고 기계에 대한 정보를 들어본다. 늦은 시간에 호텔에 들어와서 잠을 청한다. 다음날 일정도 빡빡하니 한숨 자고 일찍 일어나 이동해야 하는데 언제부터인지 빨리 잠이 들지 않는 불면증에 시달리곤 했다.

모든 일정을 소화하고 밤 12~1시경 호텔에 돌아와서 씻고 잘 준비하면 1~2시 정도가 된다. 이튿날 다음 행선지로 이동하기 위해서는 새벽 5~6시경 기차를 타야 하니 잘 수 있는 시간은 고작 4~5시간 뿐이다. 빨리 자야지 하는 생각을 하니 오히려 쉽게 잠이 들지 않는 불면증이 생긴 것이다. 그 후로는 출장이 하루 연장되더라도 특별한 사항이 아니면 새벽 열차를 타지 않고 푹 자고 아침 늦게 일어나서 후쿠야마성에서 조깅도 하고 아침 먹고 10시경에 기자를 타는 일정으로 짠다. 그래도 일본 출장에서 생긴 불면증은 항상 괴로웠다. 출장 일자는 보통 3박 4일이 많고 특별한 경우 일주일 정도인데, 간혹 불면증이 와서 가능한 한 하루라도 빨리 출장을 마치고 저녁 비행기라도 타고 귀국하는 편이다. 집에 오면 그렇게 편할 수가 없다. 며칠 못 먹은 된장찌개에 김치를 실컷 먹고 충분히 잔다.

첫날은 후쿠오카로 들어와 히로시마를 거쳐 후쿠야마에 왔고 3~5개 정도의 회사에 들렀다. 다음날 후쿠야마에서 신간센으로 30분 정도 가면 오카야마(岡山)다. 오카야마는 교통의 요충지다. 계속 가면 오사카, 나고야, 도쿄로 이어지고 홋카이도까지 간다. 남쪽으로 가면 시코쿠로 갈 수 있다. 오카야마에는 지금은 고인이 된 미타산교(三田産業)의 다부치(田淵)가 있는 도시다. 60~70만 정도의 도시인데 일본 3대 공원 중의 하나인 코라쿠엔이 있는 곳이고 청포도와 복숭아의 산지이기도 하다. 여기서는 신칸센에서 내려 일반 열차로 갈아타고 시코쿠로 향한다.

도중에 세토나이카이의 세토오하시를 건너면 왼쪽으로는 가와사키 중공업이, 오른쪽으로는 사누키 테코가 있다. 지금은 이마바리조선으로 넘어갔기에 들르지 않고 그대로 다카마쓰(高松)로 향한다.

다카마쓰는 시코쿠에서 제일 큰 도시이다. 시코쿠는 대략 경상도와 전라도를 합친 정도인데 밀감 산지이며, 유명한 절이 많아 108 사찰 순례가 유명하고, 사누키 우동의 원조이다. 사누키 우동은 국물보다 면발의 맛이다.

 오카야마에서 열차를 타고 세토오하시를 건너 한 시간 정도 오면 시코쿠의 다카마쓰인데 역 입구에 평생의 사업 동반자 하시모토가 기다리고 있다. 주로 역 앞 JAL이 경영하는 호텔에 숙소를 정하고 하시모토와 진행 상황과 다음 출장 일정을 잡는다. 주로 니하마에 가서 스미토모 중공업을 방문하고 콘도상을 만나고 돌아오는 길에 삼화 테스코에 들러 모리모토와 식사한다. 다음날 일찍 나고야로 출발한다.

히로시마-후쿠야마-오카야마-타카마츠, 마루가메, 니하마

 나고야 미쓰비시 중공업 항공기 사업부다. 고다마(児玉)상의 안내로 사내 식당에서 맛있는 점심을 골라 먹는다. 이곳의 이마다(今田), 다게우치(竹內), 노바다(野畑) 모두가 한국에 자주 온 부산 멤버들이다. 한국으로 출장와 줄 것을 요청하고 돌아오는 길은 신칸센의 그린석을 이용한다. 그린식은 비싸지만 편하고 조

전문이 없는 것이 내 전문이다

용하게 쉴 수 있기에 하시모토가 선호하니 어쩔 수 없이 나도 이용한다. 3일째 되는 날이고 여러 곳을 들렀으니 수주 사항을 계산해 보고 이번 출장에 들르지 못한 미쓰이, JFE, 포에크에는 전화로 일본 왔다 간다고 안부 전화를 한다. 아직 컨디션이 좋고 시간이 되면 하시모토는 다카마쓰로 돌아가고 나는 오사카에 내려 중고 기계단지로 향한다. 그곳에 가면 아카자와, 헨미, 오카베 등 기계상에 들러 쓸 만한 중고 기계가 있는지 확인해 본다.

나고야-오사카-부산

일본과 거래를 시작한 초창기에 일본 출장에서 수주 없이 돌아가면 왕복 비행기 삯을 비롯한 경비만 쓰는 셈이다. 그래서 돌아가는 길에 중고 기계 단지에 들러서 쓸 만한 기계가 있는지 찾아보기도 했다. 지금은 범용 기계가 필요 없고, 중고 기계 정보도 인터넷 등 다양한 루트가 있지만 1990년대 후반까지만 해도 일본 현지에 가지 않으면 어디에 무엇이 있는지 어떻게 찾아가야 하는지 통역도 안 되니 모두 마음만 있지 구하기가 어려웠다.

히가시오사카(東大坂)에 가면 중고 기계만 취급하는 중고 기계 상이 즐비하게 있는데 실제 여기는 전시장 내지 업무 장소로 사용된다. 이들이 가지고 있는 창고로 찾아가면 엄청난 양의 중고 기계들이 보관되어 있고 수리, 시운전도 하고 있다. 이들에게는 20~30년 사용한 낡은 기계이니 고철 수준이지만, 내 눈에는 한국에 가지고 가면 신가다(신형) 수준의 기계들이다. 양복 윗도리는 벗어 던지고 넥타이는 셔츠 안쪽에 집어넣고 비좁은 기계 숲 사이를 드나들며 쓸 만한 기계를 찾아낸다. 일본에서는 더 이상 쓸 수 없는 고철 수준의 기계이기에 저렴한 가격에 사서 가지고 오면 우리는 요긴하게 쓸 수 있는 귀한 장비들이었다. 이를 고철 수준의 가격에 사서 한국에 가져와 필요한 사람들에게 저렴한 가격에 팔아도 충분한 이익이 있다. 이 정도면 출장 경비를 하고도 남으니 나는 자주 오사카 중고 기계 단지에 들르곤 했다. 그러다 보니 자연히 그쪽 사람들을 많이 알게 되고 한국의 중고 기계 관련 업무의 초창기 세대에 속하기도 했다.

지금은 중고 기계 판매업을 하지 않지만, 일본의 중고 기계에 대한 정보와 관련 업자를 많이 알고 지내다 보니 지금도 가끔은 한국과 일본 측 수요자로부터 문의가 오기도 한다. 태원도 초창기 장비를 갖출 때 일본에서 중고 기계를 가지고 와서 재정비하여 사용함에 따라 장비 투자에 따른 부담을 많이 줄일 수 있었다.

전문이 없는 것이 내 전문이다

오사카 기계단지

　돌아가는 길은 후쿠오카가 아닌 칸사이(오사카) ⇒ 부산이다.
조용히 계산해 본다. 얼마나 수주가 되었을까 직원 모두가 기다
리고 있을 것이다. 수주가 많으면 그만큼 수익이 나서 직원들에
게 특별 상여금을 줄 수도 있다. 내가 조금 피곤해도 이 수주하고
계약하는 맛에 출장 가는 것이 벌써 30여 년에 300회를 넘었는데
코로나로 출장길이 막히고 세월이 흘러 나도 나이가 들었다. 그
렇다 보니 처음 만났던 일본 각 회사의 담당자는 은퇴하고 몇 명
은 하늘나라로 갔다. 정말 너무나 고마운 분들이다. 이분들 덕분
에 내가, 태원이, 그리고 우리 직원이 살아갈 수 있었기에 고인이
된 분들에게는 명복을 빌고 퇴직하신 분들에게는 그동안의 고마
움에 감사드리며 건강하시길 바란다.

일본 소개

일본은 크게 4개의 섬으로 되어 있다.

　겨울 축제와 설경, 자연의 아름다움을 간직한 홋카이도, 오사카, 나고야, 동경 등 대도시가 있는 제일 큰 섬 혼슈, 제일 작지만 태평양 쪽에 위치해 온화한 기온의 시코쿠, 우리나라와 가깝고 기온이 따뜻한 온천이 많은 규슈로 구성되어 있다.

　북쪽으로는 러시아와 인접한 최북단 소야미사키로부터 남쪽으로는 대만 가까이 인접한 남단의 오키노토리시마까지 2,850km다. 한반도 부산, 평양의 약 2.5배 길이이며, 우리와 같이 사계절이 뚜렷하지만 한여름에도 홋카이도의 북쪽은 겨울 날씨이고 한겨울이지만 대만 쪽에 인접한 섬들은 따뜻한 여름 날씨다. 한 나라 속에서도 최북단과 남단의 날씨는 대조적이니 언제나 사계절 기온이 다 존재한다고 본다.

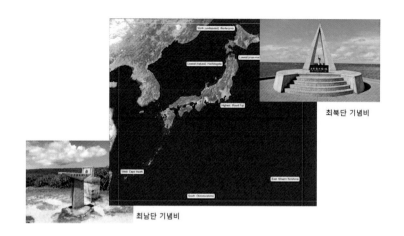

최북단 기념비

최남단 기념비

　동해 쪽이 우리 강원도처럼 높은 산이 많아 니혼 알프스라고
부른다. 지대가 높고 태평양 쪽이 전라도처럼 평지가 많고 낮다.
후지산이 3,776m이고 3,000m 이상 고산들이 많아 한여름에도

우이타현 벳부의 스기노이 누천온천

만년설의 설벽 사이로 차들이 지나간다. 6월이 되어야만 등산로가 개방되어 내가 다데야마에 갔을 때는 7월인데도 스키를 즐기는 사람이 많이 있었다.

일본 하면 지진을 떠오르듯이 매그니튜드 2~4 정도는 수시로 일어나고 있고, 후쿠시마 쓰나미로 인한 원자력 발전소 핵물질 누수는 10년이 지난 지금도 계속되고 있다. 마그마 덕분인지 온천도 많고 종류도 다양하다. 효고현의 아리마 온천, 군마현의 쿠사츠 온천, 기후현의 게로 온천이 일본 3대 온천이라고 하는데 나는 홋카이도의 눈 속의 노천 온천 노보리베츠와 태평양을 바라보는 벳부의 스기노이 호텔 온천이 더 기억에 남는다.

일본 어디를 가든지 오래된 온천이 많고 온천을 좋아하는 나는 시간만 있으면 온천욕을 즐긴다. 온천에 관련된 에피소드도 많다. 온천탕 내에서 한국 사람과 일본 사람을 구분하는 방법은 열쇠를 발에 차고 탕 내에서 물을 몸에 끼얹고 떠들면 한국 사람이다. 반면 열쇠를 손목에 차고 수건을 머리에 올리고 조용히 앉아 있으면 일본 사람이다. 일본은 성이 개방되어 남탕 청소도 여자들이 한다. 나도 간혹 목욕 중인데 여자분이 옆으로 와서 청소를 할 때는 민망할 때도 있다. 남, 여탕이 수시로 바뀌는데 어제 저녁에 분명히 남탕이었는데 새벽에 잠이 덜 깬 상태에서 어제 저녁에 들어갔던 탕으로 가면 밤사이 남, 여탕이 바뀌어 여탕으로 들어가는 실수를 할 수 있으니 안내 문구를 잘 보고 들어가야 한다.

규슈 쪽으로 갈수록 열대림은 아니지만 숲이 상당히 우거져서 들어가기 어렵고 야생동물도 많다. 곰은 수시로 나타나고 일본 원숭이도 유명하다. 공원도 많은데 옛날 유명한 사람의 정원이 공원으로 전해 내려오고 있다. 오카야마에 있는 코라쿠엔, 카나자와의 켄로쿠엔, 이바라키의 카이라쿠엔이 일본 3대 정원이다. 소나무 공원으로 유명한 시코쿠의 다카마쓰에 있는 리쓰린 공원도 유명하다.

국토의 전체 면적이 한반도의 1.7배 정도인데(남한의 3~4배) 인구는 1억 3천이며 세계 최장수 국가이다. 연중 지역마다 전통적인 축제가 열리는데 이를 마쓰리(祭り)라 부른다. 옛 고도 교토의 기온 마쓰리, 제2의 도시 오사카의 텐진 마쓰리, 수도 도쿄의 칸다 마쓰리가 제일 유명하다고 하는데 시간이 한 번도 맞지 않아 본 적이 없어 언젠가 꼭 한번 가볼 생각이다.

교토 기온 마쓰리

도쿄 칸다 마쓰리

전문이 없는 것이 내 전문이다

약 7,000개의 크고 작은 섬으로 된 나라이다 보니 교량도 많이 놓고 터널 뚫는 기술도 좋다. 교량은 세계 최장인 13km의 세토오하시로 혼슈와 시코쿠를 연결하고 있고 1층은 철도가 2층은 승용차 또는 화물차가 지나간다. 기차가 지나갈 때 1m 이상 내려앉았다가 복원될 수 있도록 설계되었다고 하고 10여 년에 거쳐서 완공했다. 일본과 거래 초기에 벤드라는 물건을 만들어 보냈다. 그때는 몰랐는데 이 다리를 처음 건널 때 다부찌가 그때 만든 벤드라는 제품이 이 다리를 만들 때 하시바 부품으로 사용되었다고 알려 주었다. 역사적으로도 세토나이카이인 이 해협으로 조선 통신사의 배도 지나갔다고 하고 나의 출장길도 꼭 이 다리는 건너서 시코쿠로 들어갔다. 고속도로 또는 신칸센을 타고 지나가다 보면 수많은 터널이 나온다.

세토오하시

신칸센 노조미

　동경의 야마테 터널이 18.2km로 세계에서 두 번째로 길고 군마현의 칸에츠, 기후현의 히단 터널 모두 10km를 넘는다. 북단의 홋카이도에서 혼슈를 지나 남단의 규슈까지 신칸센이 달린다. 나는 일찍이 신칸센을 타보고 경험하였기에 우리나라의 KTX를 프랑스와 기술 제휴한 것을 아쉽게 생각한다. 같은 동양 문화권이어서 운용 방식을 공용할 수 있고 여러 가지 부품들도 기술 이전이 용이하며 가격 면에서도 경쟁력이 있다고 판단되기에 더욱 아쉬움이 있다. 지금은 KTX도 많이 발전되었지만, 초창기에는 비교도 안 될 정도로 기능, 서비스, 운영방식 등에서 현격한 차이가 나는데 신칸센의 운영방식이 편리하다.

　노조미 계열은 큰 역만 정차하니 빨리 갈 수 있고 코다마 계열은 어니나도 정차하니 편리하다. 중간에 살아날 수도 있고 같은 계열의 열차 내에서도 3등급으로 나누어진다. 자유석, 지정석, 그린석이다. 한 열차를 타고 가지만 서비스의 질도 다르고 좌석의 간격도 다르고 가격도 다르지만 편안함과 안락함이 다르니 취향에 맞게 골라서 타고 여행을 즐기면 된다. 우리나라와 같은 철도 폭인데 열차 내부의 폭은 넓고 공간이 많아 편안함과 안락함을 더해준다. 우리도 빨리 최대한 폭을 넓힐 수 있는 기술 개발을 기대해 본다. 보통 350~400km/h를 달리지만 정말 조용하고 흔들림이 없고 시간은 철저히 정시 도착인데 혹 1~2분 늦어지면 기내 방송을 통해서 죄송함을 전하고 양해를 구한다. 단지 국영이 아니고 민영이다 보니 서비스의 질은 좋지만 가격이 비싼 것이 흠이다. 언젠가 친구들을 초청해서 일본 여행을 갔을 때는 패스권을 사서 전국을 다녔다. 패스권을 사용하면 상대적으로 요금이 저렴하고 몇 번을 타도 된다.

일본 음식으로는 스시와 우동이다. 지금은 세계 어디에 가더라도 스시 전문점이 있을 정도로 일본을 대표하는 음식이고 가격도 유명도에 따라 엄청난 차가 난다. 실제 가보지는 않았지만, 동경의 유명한 스시집은 스시 한 개의 가격이 몇만 원을 호가한다고 한다. 우동은 시코쿠의 사누키 우동이 유명한데 국물보다 면발을 중요시한다. 간사이나 간토 우동은 짙은 또는 맑은 국물을 중요시하기도 한다. 라면도 미소(된장), 츠유(간장), 시오(소금), 돈코츠(돼지뼈) 등 다양한 국물로 만들며 하카다, 삿포로 라면이 유명하다.

사누키 우동

4대 라면

전문이 없는 것이 내 전문이다

오사카성

　외부로부터 침략을 받지 않아 사찰 또는 유적이 천 년 이상 원형이 잘 보전되어 있다. 나라나 교토 등에서 금각사, 키우네 신사 등 많은 유적이 있고 특히 지방 도시마다 성이 있다. 나고야성, 오사카성, 쿠마모토성 등이 유명하고 모든 성의 주변에는 외부로부터 공격을 막기 위해 해자를 파서 물을 가두어 두고 있는 것이 특징이다. 내가 자주 가는 다카마쓰성은 해자가 바닷물로 되어 있는 보기 드문 경우이다. 우리는 철도 기차를 타고 이동하는 것에 익숙하지 않은데, 일본은 철도가 사람의 혈관처럼 잘 연결되어 있어 어디로 가도 어려움 없이 편리하게 이용할 수 있다. 아직도 시골에는 긴 나무 의자에 앉아 아주 느리게 가는 열차로부터 400km/h를 달리는 신칸센까지 다양한 열차가 있고 많은 사람이 이용하고 있다. 다시 한번 친구들과 일본 전국을 여행할 수 있기를 기원해 본다.

언젠가 시간이 되면 규슈에서 홋카이도까지 자동차로 여행하고 싶어 국제면허증은 진작에 발급받았는데 우측에 핸들이 있어서 고민 중이다. 친구들과 함께 철도여행을 해도 좋을 것 같다.

전문이 없는 것이 내 전문이다

2부

경영 편

태원의 역사

이면도로지만 4차선 도로변에, 입구에 대문은 없고 벽돌로 쌓아 올린 기둥 중 한쪽 기둥에 나무로 된 택시회사의 상호가 걸려 있었다. 마당은 택시를 정비하고 주차할 수 있도록 아주 넓었다. 50~60대 정도의 택시가 동시에 주차할 수 있는 넓은 마당 한쪽에 조그맣게 사무실과 기사 대기실 등의 구조물이 있었다. 입구 쪽에서 왼편 도로와 접하는 부분에 예전에 당직 기사가 숙직했다는 방 2칸의 구조물이 있었다. 도로 쪽에서 나무로 된 미닫이 문을 열고 들어올 수 있었고 도로보다 무릎 높이 정도 높게 되어 있어 나올 때에는 조심해야겠지만 소형 화물차 뒷부분으로 짐을 싣기에는 안성맞춤의 높이였다.

나는 방 2칸을 임대받아 2개의 방을 터서 홉핑 머신 1대를 놓고 일을 시작했다. 아마 92년쯤으로 기억하는데 임대료는 보증금 50만 원에 월 10만 원 성도였다. 지금의 사상 공구상가 옆이다. 나는 영업을 다녔고 기계는 지금의 공장장인 전한곤과 둘이서 2교대로 돌렸는데 훗날 소형 선반 1대와 직립 보루방(드릴머신) 1대를 월부로 구입하였고, 미닫이문 유리창 틀에 직원 구한다는 모집공고를 붙였다. 이를 보고 들어온 사람이 김달호다. 입사 후 알게 되었지만 의령 출신으로 진주 공고 후배였다.

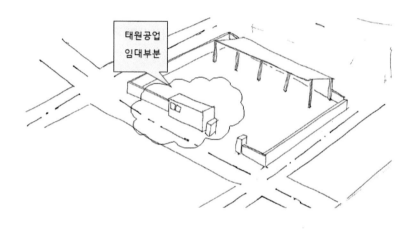

태원공업
임대부분

20평 남짓한 공간에 전화기 1대, 기계 1대, 나와 전한곤 공장장, 두 사람이 태원을 설립 가동했다. 2~3달 후 김달호가 합류하고 이태식이 출근하기 시작했다. 홉핑 1대, 소형 선반 1대, 직접 보루방 1대로 제법 회사 규모를 갖추고 기어를 생산하기 시작했다. 태원공업사라는 나무 간판도 달았다. 여기가 삼락동 진출의 전진기지 역할을 했고 태원의 처음 출발지 공장이기에 훗날 이곳을 지날 때마다 항상 마음을 다지며 각오를 달리했다.

기계가 3대로 늘고 사람이 4명이니 기존 공장이 너무 좁아 옮

거야겠다고 생각했지만, 돈이 없어 고심하고 있었다. 그때 친구
가 삼락동에 공장을 임대하려고 하는데 주인이 허락하지 않으
니 임대할 수 있도록 도와 달라고 했다. 임대하려는 공장에 가보
니 제법 넓었다. 단독 공장인데 한 300평 되어 보였다. 입구에 수
위실도 있고 벽과 건물 사이로(처마) 폭 3m 정도 길이 40m 정도
의 넓은 공간이 있었고 지붕이 있어 비를 피할 수 있게 되어 있었
다. (건축법상 띄워놓는 공간) 이곳으로 화장실 가는 통로로 사용하고
있었지만 지금 택시회사 숙직실에 비하면 적어도 3~4배 되는 넓
이였고 수위실은 사무실로 사용할 수 있었다.

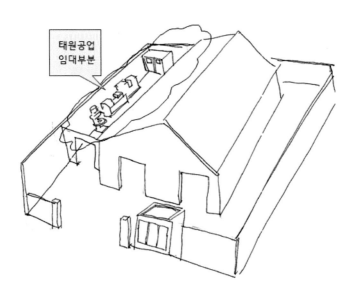

전문이 없는 것이 내 전문이다

여기로 옮기자 마음먹고 친구와 함께 의논했다. 주인을 만나 내가 설득할 것이니 이 처마 밑을 자네가 나에게 재임대 해달라고 요청했고(전전세), 친구는 공장 바깥 부분이고 어차피 화장실 갈 때 이외에는 사용되지 않으니 그렇게 하겠다 했다. 주인을 만나러 갔는데 집에 없었고 목욕갔다고 해서 2시간 기다렸다 만났다. 그 금액에 절대 임대할 수 없다는 것을 말로 설득했다. 젊은 사람의 성실함을 믿겠다며 허락해주셔서 감사했다. 지금 사용하는 택시회사 숙직실보다 3~4배 넓은 장소를 같은 임대 비용으로 얻은 것이다. 그날 저녁은 설렘에 잠을 설쳤고 다음 날 이사를 했다. 수위실도 비어 있었기에 사무실로 사용할 수 있었지만, 많은 사람들이 드나들고 친구도 불편할 것 같아서 1년 정도 사용하고 자금이 조금 모인 후 정문이 있는 공장의 반을 임대 얻어 다시 옮겼다. 여기가 삼락동 시절, 태원의 부흥을 약속하는 본거지가 되었다.

이 시기에 치면 연삭기를 리스방식으로 구매해서 들여오고, 사람도 늘고 매출도 늘었다. 이제는 기어 생산을 한곤이에게 맡기고 내 할 일을 찾아 나섰다. 창원으로 갈 것인가 일본으로 갈 것인가를 생각했다. 창원은 지리적으로 가깝고 아는 회사와 지인도 많고 당장 수입도 있고 일하기가 쉽지만, 한정된 일감을 두고 잘 아는 사람끼리 좁은 지역에서 서로 경쟁해야 했다. 일본은 보장된 시장도 없고 아는 사람도 별로 없지만, 우선 경쟁자가 없으니 잘 개발하면 독점할 수 있다는 생각이 들어 힘들고 험한 길이지만 일본으로 가자고 마음을 먹었다. 내수로는 기어를 생산 납품하고, 일본에서 수주한 물품은 전문 업체를 찾아 외주가공으로 만들어서 수출했다. 돈이 될 수 있는 일이라면 불법적인 일이 아니면 무엇이든 했다.

요즘은 모든 것이 전화나 PC 등 전산으로 처리하고 돈을 주면 무엇이든 구매하지만 그때는 경비를 아끼기 위해 직접 발로 뛰었다. 수출용 나무 상자를 만들기 위해 한 시간 정도 떨어진 김해 상동의 제재소에서 판자와 각목을 상자 크기에 맞추어 계산하여 구입했다. 이를 공장 마당에서 직접 못질하여 제품을 담을 나무 박스를 만들어 봉고차에 싣고 직접 부두까지 갔다. 부두에서 수출입신고서 용지에 먹지를 깔고 3부를 작성하여 신고를 마치면 부관 페리로 선적하고 메인 인보이스와 패킹은 선장 탁송시키고 사본을 가지고 은행에서 네고해서 돈을 받아오는 데 많은 시간이 걸렸다. 특히 나무 상자를 만들 때는 우선 상자 크기에 따라 판자의 폭과 길이, 수량, 두께 등을 계산해야 하고 때로는 계산이 잘못되어 제품을 다 넣을 수 없을 때도 있었다. 어떤 때는 터무니없이 공간이 남을 때도 있었지만 제일 난감한 것은 중량 계산이 잘못되어 나무 상자가 찌그러지는 일이 발생할 때였다. 배 시간(선적 마감 시간)은 다 되어가고 상자는 찌그러져서 제품이 불거져 나오는 난감한 현실에서 얇은 철관(평철)과 철삿줄로(반세이) 보완하여 급히 부두로 싣고 나가는 일들이 종종 발생했지만, 그래도 위로가 되는 것이 매출 1억 원 달성이었다.

회사 설립 후 처음으로 월 매출 1억을 달성했을 때의 감개무량함이야 이루 말할 수 없었다. 그야말로 기쁨과 성취감으로 흥분되어 있었다. 지난날 대일공업에 근무할 때 월 매출 1억을 달성했다고 사장님이 잔치를 베풀어 주셨다. 그때는 사장, 부사장, 전무, 부장, 반장 할 것 없이 60명 정도의 조직이 월 1억을 달성한 기쁨에 잔치할 정도인데, 고작 100평 남짓한 임대 공장에서 6~7명의 직원이 밤낮으로 고생했지만 그 어려운 1억 원 매출을 내가, 우리가 달성했던 것이다. 그때가 삼락동 시절이었다.

그때 황용규가 입사했다. 모두 열심히 했다. 저녁에 잘 때는 빨리 아침이 되어 일하고 싶었다. 출근하면 퇴근까지 시간이 눈 깜박할 사이에 지나갔다. 내수는 내수대로 수출은 수출대로 너무 잘 되었다. 주변 회사 중 크기는 작지만 제일 알차다는 평가를 받았고, 삼락동 시절을 마감하는 96년쯤 믿을 수 없는 일이 벌어졌다. 그달 매출 중 순이익이 1억을 달성하였던 것이다. 돌이켜보면 그때가 최고의 전성기였고 이 결과로 태원이 성장할 수 있는 자금이 마련된 것이었다. 한창 잘 나가던 97년, 불안의 그림자가 드리우고 있었다. 그해 우리나라는 IMF에 구제 금융을 신청한 이른바 IMF 시대로 들어서고 있었다.

IMF가 왔다고 모두 아우성이었다. 다들 회사 문을 닫는데 우리는 덤덤했다. 이미 매출의 70%를 수출하고 있었고, IMF로 환율이 상승해서 더욱 일하기가 좋아졌다. 이전보다 10% 더 싸게 계약해도 결과는 환율로 인해 더 큰 수익을 올릴 수 있었다. 그러던 어느 날, 다대포 공단 끝 쪽에 430평의 공장이 경매에 나왔다고 했다. 여러 회사에서 경매로 매입하고자 현장을 방문하곤 했다. 훗날 알았지만 잘 아는 지인도 경매 입찰 준비를 했다고 한다. 모두 얼마를 써넣으면 싸고 적당한 가격으로 입찰받을 것인지 고민하고 있었다. 나 역시 처음으로 자가 공장을 매입할 수 있는 기회가 왔기에 고민했다. 결론은 싸고, 비싸고 하는 문제가 아니고 내게 필요한 것인가를 생각할 때 결론은 쉽게 내릴 수 있었다. 가격이 아니고 필요성이다.

경매 입찰을 받기 위해 법원으로 갔다. 주위에서 어드바이스한 금액보다 다소 높게 써넣었다. 운이 좋았다. 근소한 차로 낙찰을 받았다. 드디어 태원도 임대 공장에서 자가 공장을 가진 기업이 되었고 국제신문에서 기자가 와서 사진을 찍어갔다. IMF로 다들 문을 닫고 공장을 매각하는데, 수출기업이라 환율이 높아 더 일거리가 늘어나 공장 증설을 위해 공장을 사는 기업도 있다는 말을 듣고 국제신문사 기자가 왔다. 공장 사진을 찍고 신문에 실어도 좋은지 허락해 달라기에 사회 분위기를 고려하여 회사 실명을 사용하지 않는 조건으로(TW사) 소개되어 기사가 실렸다. 처음 가져보는 공장이라 직원 모두가 기뻐했다. 현장도 넓고 직원들 숙소도 있고 사장실도 별도로 있었다. 개업하던 날에는 일본에서 축하 사절이 도착했다.

지금의 코스믹 사장, 전무, 호네스트 하시모토, 명화공작소 야마지도 일본에서 시간을 내어 부산까지 와서 축하해 줬다. 모두의 덕분이었기에 감사의 말씀을 전했다. 덕분에 자가 공장을 가지게 되었으니 더욱 열심히 해서 보답해야겠다고. 직원들도 늘어나서 15명이 되었다. 모두 새 작업복을 갈아입고 기념사진을 찍었다.

계속 사업은 성장하고 있었다. 지금의 공장이 다대포 공단 끝단인데 입구 쪽에 지금 공장의 배 이상 되는 크기의 공장이 매물로 나왔다는 정보를 입수하고 가봤다. 그곳은 수위실도 있고 하단에 나무도 심어 있고 3동의 공장이라 사람이 어디에 있는지 모를 정도로 넓었다. 무엇보다 사무실이 넓어 일본 손님이 왔을 때 신뢰감을 갖게 하는 공장이었다. 분양받은 녹산 땅을 2배 정도 가격으로 팔고 현재 공장을 처분하면 충분히 구입할 수 있었다.

다대포 공단에 제2의 생산 기지를 만들어 개업하던 날, 화단에는 벚꽃이 피고 동문, 친지, 직원, 일본 바이어 모두가 축하해 주었다. 정말 고마웠다. 이젠 근거지가 충분히 준비되었고 직원들의 사기도 충만하니 본격적으로 일본 수출을 위해 태원 Corp.를 설립하기로 하고 외국인 투자를 유도하여 외국인 투자 법인으로 정부 지원, 세제 혜택을 받을 수 있었고, 그리고 일본에서의 영업을 활성화할 수도 있었다.

호네스트의 하시모토, 포에크의 키타야마, 태원의 최길호. 이렇게 3명이 각 1/3의 지분을 출자하여 태원 코퍼레이션이라는 회사를 만들었다. 그후 10여 년이 지나 화전 공단에 지금의 2배인 1,600평을 분양 신청하여 현재의 공장을 지었는데 다대포 공장을 팔고 현재의 공장을 짓는 과정에서 인생에서 말로는 표현할 수 없는 실수를 했다. 창립 이후 십수 년 사업이 잘되다 보니 너무 자만한 것이다. 주위 사람들(부동산업자)의 유혹도 있었지만, 최종적으로 자만에 빠진 나의 잘못이다. 허술하게 다대포 공장의 매각 계약서에 도장을 찍었다. 계약 전날 밤 꿈속에 어머니가 보였다. 조심하라는 신호였지만 그때는 알지 못했고, 자만과 어리석음에 따른 판단 잘못으로 일생일대의 대실수를 저지르게 된 것이다. 이후에 이를 해결하기 위한 고민이 계속되었다. (화전 공장 대지 조성이 늦어져 오갈 데 없는 신세가 되었기에 엄청난 손실을 안고 겨우 수습했다.)

이 고민으로 혼자서 자다 깨는 것이 매일 반복되다 보니 살 빠지는 괴로움을 느끼게 되었고 흰머리가 나기 시작했다. '요즘 흰머리가 많이 나네.' 하고 남들이 말할 때 누구에게 의논도 도움 요청도 할 수 없는 고민 속에서 속만 새카맣게 태워 가며 혼자 해결할 수밖에 없었다. 인생 공부 많이 했다. 너무 자만했고 경솔했던 결과를 뼈저리게 느꼈다. 6개월 정도 걸쳐 법원에 가고 변호사도 선임하고 해서 겨우 수습이 되었지만, 또다시 불행은 연속으로 들이닥쳤다.

전문이 없는 것이 내 전문이다

공장 설계 내용을 직접 확인하고 판단했어야 했는데, 화전 공장 신축과정에서 문제가 발생했다. 이 또한 내 실수이고 내 잘못이었다. 오만과 경솔함으로 잘못된 판단에 따른 공장 매각에 이어 무지와 어리석음에 따른 확인 부족으로 문제가 발생했다. 아마 인생에 있어서 오만하고 경솔하며 무지하고 체면만 생각하고 상대 배려 없는 나에게 하나님이 경고를 한 것이다. 아내에게도 말없이 혼자서 2건의 실수에 가슴앓이하며 또 1년을 세월을 보냈다. 가슴 아리는 아픔과 자괴감으로 우울한 시간을 보내면서 해결해 나갔다. 지나가는 시간 속에서 몸과 마음이 찢어지는 듯한 아픔이 있었고 금전적 손실 또한 컸지만, 책임을 통감하면서 조금씩 정리되어 갔다.

어쨌든 문제는 해결되었고, 공장은 완공되었다. 이때부터 본격적으로 일본으로부터 주문이 몰려왔다. 대통령으로부터 100만 불 수출상을 받고 300, 500만 불 상도 받았다. 오래전 두 번째로 일본에 갔을 때다. 도쿄에 있는 미쓰비시 본사 빌딩에 간 적이 있다. 바늘부터 항공기에 이르기까지 모든 영업적 업무가 이루어지고 식사, 숙박, 접대 심지어 공항까지도 직접 갈 수 있는 시설이 되어 있는 미쓰비시 무역 빌딩이었다. 무역회사인 우리 태원 Corp.도 무역 건물이 있어야 되겠다는 생각이 들어 동아대 하단캠퍼스 대로변에 130평을 구입해서 8층 건물을 신축했다.

맨 위층에는 펜트하우스를 만들어 일본 바이어들이 언제든지 편하게 쉴 수 있도록 했다. 복잡한 공항에서 대기할 것이 아니라 이곳에서 여유를 가지고 출장 업무를 정리하고, 쉬면서 피로를 회복하라는 일종의 배려. 시간이 되면 회사 차로 공항까지 10~15분이면 간다. 일본 유수의 회사 미쓰비시, 스미토모, 미쓰이 등 우리와 직접 거래가 있든 없든 부담 없이 누구나 이용하고, 우리와 연결할 수 있는 일이나 정보가 있으면 자연스럽게 얘기할 수 있는, 휴식과 영업을 겸한 건물로 활용하기로 했다. 태원빌딩이라고 이름을 붙였다. 돌아보니 2015년이면 사업을 개시한 지 23년이 되었다.

내수는 기어 생산이 계속되고 있었고 수출은 일반기계 부품에서 제관 용접구조물로 덩치가 커지고 5~10ton 트럭, 트레일러 포함해서 30~40여 대에 수출화물을 싣고 선박을 빌려서 선적도 했다. 수출 물량이 많을 때는 일 년에 8척의 선박을 빌려서 수출하기도 했지만, 중국으로 인해 가격 경쟁력을 잃은 지금은 부가가치가 큰 항공 부품 쪽으로 방향을 틀었다.

삼락동에서 10년에 걸쳐서 다대포에 자가 공장을 마련했고 다대포에서 또 10년을 노력해서 화전 공장을 지었다. 화전에서 10여 년 만에 김해 진례에 항공우주 관련 부품 생산업체를 넘겨받아 ATTO Solutek을 설립했다. 지금 생각해 보면 태원은 매 10년 주기로 변해가면서 업그레이드 되어왔다. 기업 환경은 여러 가지 요인에 의해서 변하니 어쩔 수 없이 그때마다 잘 대응하면 되

전문이 없는 것이 내 전문이다

겠지만, 기업을 경영하는 최고 경영자의 외로운 결단은 그 결과에 대해 책임을 감수해야 했다. 그때마다 주위에 누구와 상의할 사람 없이 혼자서 결정하고 감당해야 했는데, 젊은 나이에 잘 나가다 보니 자만에 빠져서 오만과 경솔함 그리고 알량한 자존심의 덫에 걸리게 되었다. 덫에 걸려서 자신도 망치고 종업원도 잃고 회사도 망할 뻔했다.

나는 이를 뼈저리게 반성하고 자숙하는 자세로 노력해 왔다. 현실을 견디어 내고 회사를 살릴 수 있었으니 조상님의 은덕이요 모두가 도와주신 덕분이라 생각한다. 회사는 자신만이 아니라 직원과 그 가족이 있기에 더 낮은 자세로 겸손하게 생각해야 한다. 지나온 과정을 통해 결단을 내릴 때는 더욱 신중하게 생각해야 하고 부족한 부분은 노력으로 극복하는 자세가 우선되어야 기업도 인생도 성공할 수 있다는 것을 배웠다. 내가 한 만큼의 결과에 만족하며 받아들이고, 그나마 이만큼이라도 된 것에 대하여 진정으로 감사드리며 이웃과 함께 서로 나누고 양보하면서 베풀고 살아갈 것이며 모두에게 감사드린다.

다대포 공장

화전 공장

전문이 없는 것이 내 전문이다

기업 백 년 계승을 위해서

92년 전화기 1대와 기계 1대로 태원을 설립하여 2019년 117억의 매출을 달성하기까지 약 30년이 걸렸다. 사람에 따라, 회사에 따라 30년 세월 속에서 더 큰 기업을 만들 수도 있고, 겨우 회사를 유지하거나, 도중에 도산하는 회사도 있을 것이다. 결국 나(태원)보다 경영 실적이 더 좋은 사람도 있을 것이고 더 못한 사람도 있을 것이다. 태원이 어느 정도 위치에 있는지가 중요한 것이 아니고, 30여 년에 걸쳐서 최선을 다해 노력을 해왔다는 것이 중요한 것이다. 이것이 내 능력이요 내 그릇이니 이 결과에 대해서는 만족하고 다행스럽게 생각하고 모두에게 감사한다.

태원의 다음 계승자도 자기 능력을 최대한 발휘하여 태원 가족과 함께 삶을 살아가면 되지, 선대와 비교해서, 남과 비교해서, 혹은 더 크게 못 했다고 자책할 필요는 없다. 형편이 안 되고 능력이 안 되는데 무리하게 경영하면 기업 백 년 이상 계승할 수 없다. 자기 능력껏 최선을 다하면 된다. 그 결과가 본인의 능력이고 그릇이라 생각하고 차기 계승자에게 넘겨주면 된다. 이것은 최고 경영자뿐만 아니라 부서의 담당 책임자도 마찬가지다. 개인의 발전을 위해서 공부하고 노력하고, 열심히 일해서 얻어지는 결과가 크든 작든 그것으로 만족하면 된다. 다음 일을 위해서 개선할 부분이 있다면 연구하여 개선하고, 노력이 부족했다면 더욱더 매진하면 된다. 정열적으로 노력하여 업무에 임하고 얻어진 결과는 자신의 능력 최대치라고 생각하고 이 한계치를 올리려고 부단한 노력을 하면 될 것이다.

시대에 따라 업무에 대응하는 방식이 다르겠지만, 태원을 30여 년 이끌어 오면서 경험했던 기업 운영에 대한 생각을 정리해 본다. 꼭 따라 할 필요는 없겠지만 시대에 맞추어서 참고하기 바란다.

1. 인연은 길게 가지고 가야 한다(인연 중시)

사람과의 관계, 거래처와의 관계, 직원 상호 간, 친구 모든 것들이 인연으로 맺어진 것이다. 좋은 일, 궂은일 있겠지만 서로 간의 인연은 오랫동안 길게 가져감으로써 많은 것을 얻게 될 것이다. (부부의 인연은 백년해로하여 영원해야 한다.)

2. 능력보다도 하려는 의지가 중요하다(성실성)

능력이 출중한 사람보다도 하려고 하는 의지가 있는 사람을 써라. 일당백으로 한 사람이 백 명을 먹여 살릴 수 있고 일의 처리는 완벽하니 최고의 인재라고 생각이 들 것이다. 거기에다 노력과 성실함이 따르면 금상첨화겠지만 다 갖춘 사람을 찾기는 힘들다. 능력과 성실 중 선택의 기로에서 나는 항상 성실 쪽으로 선택해 왔다. 다소 모자람이 있어도 하려는 의지가 있다면 시간이 걸리더라도 이루어지기 때문이다.

3. 경영자(또는 부서 담당 책임자)는 그 일에 대해서 충분한 지식과 이해가 있어야 한다(전문성)

경영자라 해서 자금, 영업, 관리 등에만 신경을 써서는 안 된다. 경영자도 어떻게 해서 이 물건이 만들어지고 어떤 기능을 발휘하는가 최소한의 지식을 습득하고 이해해야만 이것을 상대방 (거래처)에게 설명해서 영업이 가능하다. 만드는 방법을 이해해야 만드는 이(직원)의 고충을 이해할 수 있고 그 기능을 알아야 더 좋은 물건을 만들 수 있는 것이다.

4. 상대(거래처)를 대할 때에는 자신을 낮추고 상대의 이야기를 들어야 한다(겸손)

자신의 상식이 제일이라고 생각하고 자기 생각과 지식만 이야기하면 영업적으로 인정을 받지 못한다. 직원들의 어려움과 창의력에 귀 기울이지 못하기에 발전할 수도 없다. 상대방 이야기를 들어주어야 안심하고 주문한다. 직원의 아이디어는 들어야 개선할 수 있다. 더 좋은 제품을 더 싼 가격으로 만들 수 있으니 낮추고 들어라.

5. 다른 사람이 하지 않으면 나라도 하라(솔선수범)

회사 사정에 나보다 더 절박한 사람은 없다. 다른 사람은 하지 않고 퇴근할 수 있다. 직위를 따지지 말고 필요하면 나라도 하고 시범을 보여야 한다.

6. 무리한 투자를 하면 안 된다(안전 경영)

벌지 못해 돈이 없는데 무리하게 은행 대출로 투자하면 경영에 어려움이 온다. 기계 1대를 가지고 일할 때, 주문이 들어와 물건을 만들어 납품하고서 매출이 되어야 식육점에 가서 삼겹살에

소주 한잔했다. 벌지 못하는 데 쓰기까지 하면 위험에 처할 수 있다.

자금에 다소 여유가 있을 때는 잘못 투자했더라도 회사는 망하지 않지만, 일도 없고 매출, 실적도 없는데 투자까지 실패하면 회사는 문을 닫아야 한다.

7. 거래선을 다변화하라(경영의 효율성)

한 거래선에 매출 30% 이상을 치중하게 되면 그 거래선과의 거래가 중지될 때 매출에 큰 영향이 있기 마련이다. 계속 거래를 위해서는 그 거래선의 요구 조건대로(가격 결정) 따라야 하고 그 거래선이 망하면 우리 회사도 따라 망한다.

대기업 부장이 하청업체 사장을 소집했다. 모든 하청업체 사장들이 하던 일을 취소하고 부리나케 달려갔다. 나는 그 술자리에 가지 않아도 주문이 올 것이라고 판단했고(기술, 신용, 가격 등의 경쟁력이 있기에), 다른 하청업체는 그 대기업과 거래가 끊기면 회사 문을 닫을 정도이기에 억지로 웃으면서 만사를 제쳐 놓고 가야 했다. 하지만 대기업이 우리 매출의 10% 이하이니 설령 거래가 중단되어도 별 영향이 없고, 거래가 중단된다면 도리어 그 대기업이 물품 조달에 문제있으니 우리를 쉽게 버릴 수 없을 것이다. 수출이 좋은 시절이 있고 내수가 좋은 시절이 있다. 따라서 매출 비율을 수출과 내수로 나누어, 내수가 좋지 않으면 수출로 뒷받침해야 한다. 내수든 수출이든 다시 3~4개 업체와 거래를 하고, 한 거래처에서 무리한 요구가 있어도 소신껏 판단해야 하며, 한 거래처의 의존도가 30%를 넘으면 그 기업에 존속되어 위험하다.

8. 잘못된 판단이나 부실 채권은 미련 없이 포기하라(현실 인정)

내가 결정한 판단의 30~40% 정도는 잘못되었다고 생각한다. 따라서 손실과 부실 채권도 발생할 수 있다. 일단 상황이 벌어지고 현실이 파악되면 잊고 다음 일에 매진하라. 억지로 해보려고 받아보려고 바둥대면, 시간·돈·건강 다 손해 보니 다음에는 이런 판단, 실수가 일어나지 않도록 노력하는 것이 더 좋은 것이다.

9. 작은 일감이라도 감사하라(고객은 신이다)

주문받은 일은 금액이 아무리 적어도 고객은 왕이 아니라 신이라 생각해야 한다. 금액의 크기에 따라 등한시하다가는 더 큰 고객을 잃을 수 있다. 고객에게는 최선을 다하고 항상 감사하라. 덕분에 내가 우리 직원과 가족이 먹고살고 있다.

10. 욕심내지 말고 진솔하게 행동하라(만족하라)

상대방과의 거래이고 직원과의 약속이니 나만 만족할 수는 없다. 다소 양보하더라도 상대도 만족해야 거래도 지속되고 직원도 오랫동안 같이 인연으로 일할 수 있다. 내가 먼저 행동으로 상대에게 신뢰를 보이고 직원에게도 상황을 설명하고 도와 달라고 해야 한다.

실용적 투자

기어의 치면을 연삭할 수 있는 두 종류의 치면 연삭기가 있다. 숫돌이 스크류 형태로 되어 있는(라이샤워형) 것은 대량생산에 적합하고, 디스크형(마그형)은 생산 능률 면에서는 다소 늦지만 KS, JIS 0급 이상의 정밀한 제품을 생산하는 정밀 가공형이다. 어느 것이든 간에 1980년 초, 치면 연삭을 할 수 있는 연삭기가 도입되었을 때 한 대 가격으로 단독주택 2~3채는 능히 살 수 있는 고가의 장비였다. 정밀하게 Gear를 가공할 수 있는 장비였기에 모두 이것 한 대만 있으면 평생을 먹고살 수 있겠지만 고가이자 희소성으로 그림의 떡이었다.

그 후 30년이 흘러 2010년경에는 이 장비들이 아날로그 타입으로 그 가치가 많이 떨어지고 대신 NC화된 장비가 도입되기 시작했다. 80년대 소망했던 그 아날로그 타입의 기계는 지금은 일반 중소기업에서도 몇 대씩 가지고 있을 정도로 많이 보급되있고 희소성과 가격도 많이 떨어졌다.

80년대 소망했던 것처럼, 지금은 NC화된 치면 연삭 장비를 가지는 것이 소망이지만, 일반 개인 또는 중소기업에서 이 장비의 도입을 위해서는 한 대에 10~20억 자금이 필요하다. 자체 자금으로 구입하기에 부담이 되니 은행 대출받아 너도나도 구입하기 시작했다. 모두 앞서거니 뒤서거니 하면서 새로운 시대에 새로운 기능을 지닌 장비를 구입했다. 아날로그 장비보다 1.5~2배의 생산성과 더 좋은 정밀도를 가진 장비이지만, 너무 고가이다 보니 1~2대 정도 구입에 20~40억을 투자해야 한다. 생산성과 정밀도는 좋지만 구입을 위한 은행 대출 이자가 상당히 부담스러웠고, 당시의 이자율 7~8%에 30억이면 매달 2~2.5천만 원 정도의 이자가 필요했다. 나도 장비를 구입하고 싶은 생각이 있었다. 도입 초창기에는 충분한 물량과 높은 임가공비로 이자를 감당할 수 있었다. 그러나 너도나도 장비를 갖추고 한정된 물량으로 모두가 나누어 작업하다 보니, 자연히 채산성이 떨어져 이자를 감당하지 못해 도산하는 업체도 생겨났다.

문제는 기존 아날로그 장비보다 1.5~2배의 생산성은 장점이지만, 전 재산과 은행 빚을 내어 무리하게 투자해야 하는 시설투자비가 단점이었다. 그래도 투자해서 도입할 것인가 결정해야 했고 1.5~2배의 생산성과 정밀도를 유지하면서 투자에 부담이 없는 방법이 있는지를 찾아 다른 회사와 경쟁할 수 있는 방법을 찾아야 했다. 많은 고민 끝에 방법을 찾았다.

이미 30년 전부터 한 시대를 풍미하고 정밀도의 대명사 격인 디스크 타입의 마그 연삭기를 일본에서는 더 이상 생산성이 낮아 사용하지 않고 폐기한다는 정보를 입수했다. 마그 연삭기는 현존하는 연삭기 중 생산성은 낮지만, 정밀도 면에서는 최상의 장비라는 것은 자타가 인정하고 있었다. 이 폐기하는 장비를 잘 활용하면 큰 자금 투입 없이 원하는 만큼의 생산과 정밀도를 얻을 수 있다고 판단했다. 즉, 신형 NC 1대로서 가공할 물량을 구형 마그 3대에서 가공하자. 어차피 정밀도는 신형 NC나 구형 마그나 초정밀 가공이 가능하니 생산성은 NC 1대에 하루 10개 가공한다면 구형 마그 3대를 투입하여 하루 10개를 가공하자고 생각했다.

즉시 일본 전역의 중고 기계상에 연락해서 폐기하는 마그 연삭기를 찾기 시작했다. 1대 구입 가격이 오백만 원 정도, 컨테이너에 넣어서 가지고 오는 수입 비용이 대략 오백만 원 정도, 이를 전용화하는 개조 비용이 천만 원 정도 되니 1대당 2천만 원이면 충분하고 3대를 개조하면 6천만 원이었다. NC 신형 연삭기 한 대 가격이 10~20억이고, 하루에 10개 가공한다. 구형 마그 연삭기 한 대 2천만 원에 3대면 6천만 원으로 하루 10개를 가공한다. 인력 면에서도 한 사람이 마그 10대 정도 가동이 가능하니 채산성 면에서나 정밀도 면에서나 충분한 경쟁력이 있다고 판단되어 여기에 투자하기로 했다.

다행히 우리는 일본 중고 기계 시장에 넓은 네트워크를 가지고 있고 Gear 생산 기술과 장비 개조 능력도 있으니 충분히 승산 있다고 봤다. 또한 마그는 100년을 사용할 수 있는 튼튼한 구조를 가진 장비이고 개조시 불필요한 기능은 모두 제거하고 꼭 필요한 기능만 넣었으니 고장도 없다. NC는 10종류의 Gear를 가공할 때마다 작업 변경 시간이 걸리지만, 나는 이 구형 마그에는 열 대에 한 종류의 Gear 가공을 세팅했기에 평생 작업 변경할 필요가 없었다. 작업 변경에 따른 시간 절약과 작업 변경 시 올 수 있는 정밀도의 변화에 따른 불량 발생을 염려할 필요 없이 개조했다.

NC 연삭기 1대의 생산 능률을 맞추기 위해 마그 연삭기 3대를 동원하여 생산성을 맞췄고, NC 연삭기 1대에 10~20억이지만 마그 3대는 6천이니 투자 비용이 5% 이하로 줄일 수 있었다. 기계 한 대에 한 품목씩 영구 고정 작업이니 기어 사양에 따른 작업 변경이 불필요하며, 복잡한 기능을 없애고 단순 기능으로 개조했으니 기계 고장을 줄여 생산성 향상과 투자비 절약에 따른 원가가 절감되었다. 결과적으로 타사보다 저렴한 가격으로 공급할 수 있어 거래선으로부터 많은 물량을 확보하고 이윤을 창출할 수 있었다. 이런 방식으로 마그 10여 대를 구입하여 2022년 오늘로 구형 마그기를 10여 대 이상을 사용하는 업체는 세계에서 우리가 유일할 것이다.

마그 연삭기

    남들이 NC 2~3대에 40~50억 정도를 투자했지만 우리는 구형 마그 10여 대에 2억정도 투자했으니 경쟁사에 비해 20분의 1 투자 비용으로 같은 수량의 생산성과 더욱 정밀한 제품을 생산할 수 있었다. 자연히 생산 원가가 낮으니 더 많은 물량이 들어와 경쟁에서 이길 수 있었고 투자에 대한 이자 부담 없이 경영할 수 있었다. 지금도 Gear 생산 관련 사람들이 와서 보고 탄복을 하는 시스템으로 우리 태원이 존재하는 원동력이 되는 투자였다. 하지만 이렇게 하기 위해서는 일본 현지 사정을 잘 알고 중고 기계를 찾아 수입할 수 있는 능력이 있어야 한다. 그리고 기계 기능을 이해하고 우리 생산에 맞게 기능을 개조할 수 있는 기술이 있어야 한다. 이러한 기어 제작 프로그램을 만들 수 있

전문이 없는 것이 내 전문이다

는 기능과 기계 작동에 대한 이해와 기어 제작의 지식이 있었기에 가능한 일이었다.

 돌이켜보면 간단하고 아무것도 아니지만, 그 시절 이렇게 창의적이고 순발력 있게 행동에 옮길 수 있는 것은 기계를 이해하고, 현장을 이해하고 결단을 할 수 있는 판단력이 있었기에 가능했다. 지금도 유일하게 잘 사용하고 있고 전설로 남아있지만, 이미 20~30년 써먹었으니 머지않은 장래에 새로운 환경으로의 변화가 올 것이다. 그때 또한 현실에 맞는 대처를 하기 위해 많은 노력을 해야 하고 결단을 해야 할 것이다.

공장 가공동

어느 기능공의 착각

현장에서 기계를 작동하며 제품을 생산하는 기술자(엔지니어)가 있었고 이를 보좌하고 기술을 습득하는 견습생이 있었다. 어느 정도 기술을 습득한 견습생에게 어느 날 좋은 조건으로(급여와 직급을 올려준다는) 스카우트 제의가 들어왔다. 자기회사에도 같은 기계가 들어오니 자기 회사로 와 달라고 한다. 이 견습생은 직장을 옮기면서 견습생에서 기술자로 승격하고 월급도 20~30% 정도 더 받고 경력을 쌓아 간다. 어느 정도 기능공 소리를 듣게 되면 또 다른 회사에서 이번에는 기계를 가동하면서 그 라인 또는 파트의 책임자로 와 달라고 한다.

생산 라인을 책임지는 파트장으로 직급이 오르면서 또 급료도 올라간다. 그렇게 해서 기술도, 나이도, 경력도 동종 업계의 인지도도 높아간다. 이즈음 신생 업체에서 현장 최고 책임자로 스카우트 제의가 들어오고 업계 최고의 급료에 현장을 총괄하는 책

전문이 없는 것이 내 전문이다

임자(공장장)로 부임하게 된다. 이젠 더 배울 기술도 없고 급료가 너무 올라 더 많이 주겠다는 업체도 없다. 견습공부터 시작하여 대략 15~20년 정도의 세월이 흘러간 것 같다.

지금까지는 기계를 작동하면서 제품을 생산하는 생산기술자의 범주에서 생산제품의 거래 흐름을 즉, 수주, 생산, 납품 등과 관련 있는 거래처의 사람들과 얼굴도 알고 생산 납품한 제품이 어느 정도의 부가가치가 있는지 나름대로 판단해본다.

더 이상 월급을 올려주겠다는 회사도 없고 올라갈 직급도 없지만, 기계를 사서 직접 생산하면 사장 소리도 듣고 월급보다 더 많은 수입이 될 것으로 판단할 즈음, 주위에서 직접 기계를 사서 사업을 해보라는 권유를 한다. 그동안 월급을 받아 저축한 돈과 시골 노부모에게 논밭을 팔아 달라고 해서 자금을 준비하여 기계를 사고 회사를 만들고 일감을 얻어 사업을 시작한다. (부품 임가공) 아주 열심히 한다. 수입이 월급보다 배 이상 되고 사장 소리도 들으니 왜 더 일찍 시작하지 않았을까 하면서 만족스럽게 생각한다.

이젠 외부 업무도 있으니 기계 가동은 견습생 또는 기술자를 고용해서 생산하게 하고 출퇴근도 여유를 가지고 사장 기분을 느끼면서 생활한다. 어느 정도 일도 있고 사업도 잘될 것 같아서 부모 형제에게 남은 재산을 더 투자해 달라고 해서 기계를 더 늘

인다. 늦게 출근해도 되고 일찍 퇴근해도 되고 중간에 지인을 만나 세상 돌아가는 이야기를 하기도 하고 친구들이 찾아와서 사장이라 불러 주니 한 잔 사기도 한다.

이렇게 3~4년이 지날 때쯤 발주한 원청 회사에서 납품한 제품이 품질이 떨어지고 납품 가격(단가)도 상대적으로 비싸니 가격을 낮춰야 한다는 통보를 받는다. 원인을 분석해 보니 기계를 3~4년 사용하다 보면 정밀도가 떨어져서 불량이 발생한다. 최근 생산된 기계는 정밀도는 물론 가공 속도도 더 빨라 이러한 신형 장비를 갖춘 경쟁회사와 싸움에서 품질도 가격도 질 수밖에 없어 자연히 수주량도 감소한다. 이렇게 되면 매출도 떨어지고 더 이상 거래를 할 수 없는 상태이기에 계속 거래를 하기 위해서는 새로운 신형 장비를 도입할 수밖에 없다. 신형 장비는 이전보다 더 가격이 비싸졌고, 무엇보다 3~4년 정도 일해서 모아둔 돈으로는 신형 장비를 구입하기에는 턱도 없이 모자란다.

처음 사업을 할 때 기계 감가상각이(수명이) 보통 10년이라고 생각했는데 이것은 잘못 판단한 것이다. 기계는 10년이고 20년이고 가동은 하겠지만, 경쟁을 할 수 있는 품질과 성능을 발휘할 수 있는 기간은 3~4년 정도에 불과하고, 날이 갈수록 교환 주기는 더 짧아질 것이다. 기계가 아닌 전자 부문은 3~4년이 아닌 6개월에 폐기해야 한다는 것이 지금의 현실이다.

전문이 없는 것이 내 전문이다

기계를 계속 가동하여 생산은 되겠지만 정밀도를 유지하고 경쟁력 있는 성능을 발휘할 수 있는 기계의 수명은 3~4년에 불과하다는 것을 감지하지 못했다. 정신 차리고 돌아보니 3년 전에 평생 월급 받아 모은 돈과 부모 형제 도움 받아 마련한 자금으로 구입한 장비의 현존 가격은 3년 만에 고철 수준으로 전락했다. 3년 먹고살고 남은 돈이 조금 있지만 새로운 장비 구입하기에는 턱도 없이 부족했다. 결국 3년 전에 5억에 구입했던 장비가 고철 수준으로 떨어지고 잔존 금액이 2억 정도이다. 나는 3년 전 5억을 들여서 장비를 구입했다. 3년이 지난 지금 2억 정도의 가치만 남았으니 결국 3년 동안 내 돈 3억으로 내가 먹고살았지 투자에 따른 수익으로 먹고산 것이 아니었다.

5억이 2억이 되었고 그 3억으로 3~4년 동안 나도 여유 있는 생활도 했고 친구, 지인 술도 사주고 직원 봉급도 주고 한 것이다. 회사 운영에 들어간 돈이 벌어서 한 것이 아니고 내 돈으로 내가 쓴 것이다. 기계 작동은 10~20년 가능하지만 부가가치를 창출할 수 있는 성능을 유지할 수 있는 기계 수명은 3~4년인 것을 몰랐다.

방법은 은행에 가서 돈을 빌려 신형 기계를 구입할 수밖에 없고 남아있는 고향 시골 땅과 내 집, 형제들 집을 담보로 은행에 넣었다. 그렇게 해서 다시 3~4년이 지났다. 또 기계는 낡고 정밀도, 생산량은 떨어지고 세월이 가니 종업원 인건비와 필요 경비는 더욱 증가하였다. 지난 3~4년보다 경영 상태는 더 악화하고 담보가 없어 이젠 은행에서 더 빚을 얻을 수가 없었다. 무엇보다 은행 부채가 늘어나니 은행에서는 상환하든지 이자를 더 올려내라고 한다. 사업한 지난 10여 년간을 돌아보니 먹고 살고 사장 소리는 들었지만 봉급 받아 모은 돈, 시골 땅, 형제들 집 모든 것이 사라졌다.

기술을 배워서 40대 중반에 사업을 시작했고 50대 후반이니 곧 60이다. 자식들은 대학가고 혼사도 해야 하는데 그동안 모은 돈, 고향 땅, 형제들 집 팔고 담보도 잡혔으니 더 이상 투자할 여력도 방법도 없었다. 낡은 기계지만 종업원 내보내고 내 손으로 직접 밤새워 가며 남보다 더 많은 시간을 더 정성 들여 기계 작동하면 밥은 먹을 수 있지만, 60이 되니 친구들은 퇴직하고 퇴직금, 연금, 제2의 인생을 설계하는데 나는 오늘 밤도 기계와 씨름하는 신세로 전락한 것이다. 별 희망도 없이. 결론적으로 기업을 경영하기 위해서는 생산 기술도 필요하지만 관리 기술도 중요하다. 이 기능공 출신 사장은 기계를 작동시켜 제품을 생산하는 생산 기술은 있지만 보통의 현장 기술자 출신 사장들이 겪는 관리 기술 즉, 얻어지는 수익으로 미래를 설계하는 관리 기술이 부족한 것이다.

사업을 시작 후 이른 시일 안에 매출의 다변화로 새로운 매출이 일어나 더 많은 이익이 창출될 수 있도록 해야 하는데 현실에 안주하다 실패했다. 기업은 현실에 안주해서는 안 된다. 항상 변

화를 시도하고 시대에 적응해 나가면서 성장해 나가지 않으면
몰락한다.

임가공의 한계

첫째. 가격 결정

가격 결정은 발주처에서 하니 더 많은 수익을 올리기 위해서는 더 많은 시간을 일해야 한다.

임가공은 발주처를 대신해서 기계 가공을 해주는 것으로 발주처는 기계의 감가상각, 인건비, 소모 경비 등을 계산하여 가격을 측정 발주한다. 그래서 임가공으로 더 많은 수익을 추구하기 위해서는 내가 더 많은 시간을 일해야 하고 추가로 일한 시간만큼 더 많은 수익을 얻는 것이다.

일반적으로 회사 근무는 8시간이지만, 임가공 사업을 하면 자신이 직접 기계를 작동하고 일어나서 잘 때까지 하루 15시간 이상을 일할 때 연장 근무에 따른 수익이 발생한다. 사장이 직접 기계를 작동하지 않고 종업원을 고용해서 임가공을 한다면 더 많은 시간을 일해서 발생하는 수익은 종업원의 연장 수당으로 지급해야 해서 별도의 수익을 낼 수가 없다. 대다수의 임가공업은 사장이 직접 기계를 돌리든지 아니면 종업원이 퇴근 후 사장이 남아서 기계를 돌려 얻어지는 수익으로 회사를 운영하는 경우가 많다.

둘째. 기계의 수명

기계는 보통 20년 이상의 작동 수명을 가지고 있지만, 정상적인 정밀도를 유지하면서 능률적인 생산성을 보장할 수 있는 수명은 5~6년에 불과하다. 이것도 하루 8시간 작동했을 때 계산이며, 주야 2교대 하루 20시간 이상 가동하게 되면 기계의 최상 컨디션을 유지할 수 있는 기간은 3~4년에 불과하다.

즉, 최고 수준의 품질과 생산성을 유지하기 위해서는 3~4년 주기로 기계를 교체해야 한다. 그래야만 상대 회사와의 경쟁에서 살아남을 수 있고 3~4년이 지난 중고 기계의 잔존가치는 20~30%만 남게 된다.

셋째. 인력(노력)의 한계

아무리 기계를 기능적으로 잘 활용하여 작동 생산하고, 성실을 바탕으로 밤낮을 가리지 않고 일해도 인력으로 인한 생산성 향상은 10% 정도에 불과하다. 즉, 같은 기계를 가지고 남보다 성실하게 열심히 빠른 동작으로 기계를 작동해도 남이 10개 가공할 때 11~12개 이상을 하기 힘들다. 더 이상의 생산성을 얻기 위해서는 작업 방법 개선 또는 더 좋은 성능을 가진 기계를 구입해야만 한다.

결국 누가 최신형의 기계를 가지고 있는가 하는 장비 싸움인데 중소기업에서는 부족한 자금을 가지고 많은 투자를 해야 하는 어려움이 있다. 창업하기에는 임가공업이 제일 쉽다. 기계를 작동시킬 수 있는 기술도 있고 기계 몇 대만 구입해서 내 손으로 일하면 된다. 별도의 선전, 영업도 필요 없고 재고를 둘 필요도 없고 납품하면 매월 결산이 되니 경영도 쉽다.

다만 끝까지 고려해야 할 것은, 미래를 어디에 둘 것인가 하는 목표의 설정이다. 쉽게 말해 부지런히 일해서 밥만 먹고살자고 목표를 설정했다면 종업원 없이 혼자서 열심히 하면 되니 그런대로 밥 먹고 살 수 있을 것이다. 그렇지만 임가공업으로 회사를 설립하고 사업을 더 번창시키기 위해서, 특히 좀 더 발전적으로고 회사를 키우고, 개인회사에서 법인으로 전환하면서 상장하

전문이 없는 것이 내 전문이다

고 시키고, 백년대계로 기업을 유지 발전시키기 위해서는 다르게 생각해야 한다. 우선 임가공에서 얻어지는 수익을 바탕으로 해서 이른 시일 안에 임가공이 아닌 다른 수익을 창출할 수 있는 방안을 찾아야 한다.

즉, 임가공에서 부품 가공으로 나아가 자체 제품을 개발, 생산, 판매하는 단계로 발전하기 위해서는 임가공에서 얻어지는 수익에 만족하지 않고 이 수익을 바탕으로 회사 직원들과 협심해서 생산성을 향상하고 기계가 낡아 교환하기 전에 또 다른 수익선을 찾아내야 한다.

제조업의 현실에 따른
태원의 갈 방향

일본 사람들은 중소제조업을 모노즈쿠리라고 하기도 한다. 우리도 한때는 마찌꼬바라는 말을 사용하기도 했다. 제조업의 의미는 '힘들고 고생스럽다'는 느낌이 들고 모노즈쿠리하면 전통성 기능, 숙달 같은 느낌이 든다. 똑같은 의미지만 한국과 일본에서 제조업에 대한 인식과 대우의 차이를 느끼게 한다. 특히 독일 같은 나라에서는 기능 인력에 대한 상당한 인식과 대우를 받는다고 한다.

내가 공업계 고등학교를 졸업하고 첫 직장인 대동공업에 출근했을 때 진주 기계공고 모자를 쓰고 출근했다. 모자에는 한자로 공업을 뜻하는 공(工)자 배지가 붙어 있었다. 나도 이것을 자랑스럽게 생각했고, 당시의 박정희 대통령께서도 공업인은 조국 근대화의 기수라고 말씀하셨다. 이러한 공업계 고등학교에 들어가기 위해서 치열한 경쟁시험을 거쳐 합격한 인재를 제조업의 기반인 기능공으로 양성하여 사회에 진출할 수 있도록 정부에서도 힘썼다. 졸업하고 사회에 진출하여 대우도 좋았고 자부심도 있었다.

지금으로 치면 한양공대나 포항공대에 못지않은 프라이드에 현장용 안전모를 승용차 뒷좌석에 두고 타고 가는 엔지니어 출신의 현장 기술 관리자가 부러웠다. 이것이 내 미래의 꿈이었다. 전국적으로 공업계 고등학교가 많이 있었고 그 당시 15만 정도의 인구인 진주에서도 3개의 공업계 고등학교가 있었다. 기능을 가진 인재들을 육성할 수 있도록 정부에서 지원했고, 공부하면서 기술을 배우고 미래를 꿈꾸도록 양성하고 있었는데, 지금은 그 제조업의 가장 기본이 되는 인력 양성과 확보를 어떻게 하고 있는가?

지금의 기술, 기능인에 대한 정부 정책이 젊은이들에게 미래의 비전과 희망을 주지 못하는 것이 현실이다. 직업에 대한 가치관, 동기 부여 등의 결여로 나를 비롯한 모든 학부모가 공업 계열 학교에 자녀들을 보내지 않으니 자연히 공업계 고등학교가 인문계로 전환되었다. 그나마 있는 공업 계열 고등학교 출신들도 그 기능을 활용할 수 있는 직장보다 대학을 진학하여 인문계로 전과하는 비율이 더 높다.

내가 졸업할 때(1973) 600명 정도가 졸업해서 550명은 현장 취업을, 50명 정도가 대학 진학을 택했다. 지금은 공고 지원자가 줄어 졸업생도 100~200명 정도인데 반수 이상이 대학에 진학하고, 나머지 100명 중 대부분 대기업으로 가고 중소기업으로는 어쩌다 군 면제를 위해 1~2명 지원하는 것이 전부다. 그렇다 보니 중소기업에서 공업계 고등학교 출신 인재를 확보하기는 어렵다고 볼 수 있다.

결론적으로 중소기업에서도 공업계 고등학교 출신의 젊은 인재를 확보하기가 점차 힘들어져 기능 인력 확보에 따른 기술 인력 양성에 문제가 있다. 대기업은 직접 투자보다 중소기업이 투자하도록 하여 하청 발주함으로써 경기 변화에 따른 리스크를 지지 않는다. 대기업은 하청 업체를 개발하여 적기에 필요한 만큼의 부품을 공급받음으로써 투자의 위험성과 고용 인력에 대한 신축성, 생산비용의 절감 등으로 이윤 창출을 가져올 수 있다.

이러한 대기업의 하청을 받아 생산 납품하는 중소기업은 더 낮은 인건비로 더 많은 시간 일을 해서 채산성을 확보하여 이익을 창출 해야 하는데, 지금의 노동법은 5인 이상 사업장의 근로 조건은 대기업이나 중소기업이나 차이가 없이 적용되고 있다. 우선 연, 월차에 국경일 등 휴일이 너무 많고, 근무 시간, 연장 근무, 최저 인건비, 복지 사항 등 대기업 수준으로 법으로 정해 놓았기에 일하는 시간이 짧아 중소기업이 이익을 낼 수 있는 구조가 아니다. 대기업과의 기격 결정과 거래의 연속성도 중소기업이 아닌 대기업의 결정에 따라야 한다. 그렇기에 결국 이익을 내지 못한 중소제조업은 도산하고 만다. 하지만 새로운 중소기업이 만들어져 거래는 지속되기에 대기업은 별 손해를 입지 않는다. 반면 중소제조업은 기술 인력을 확보하지 못해 인력난에 더 많은 시간(연장근무)을 해서라도(생산성 확대) 이익을 내어야 한다. 하지만 노동법으로 휴일도 근무 시간도 결정되어 있어, 일이 있어도 더 많은 시간을 일할 수 없고 가격도 모 업체인 대기업에서 결정하여 주는 대로 받아야 하니 결국 이익을 내지 못하고 도산하게 되는 것이다.

이러한 현실 속에서 살아남으려면, 태원은 특수성을 가진 Gear를 경쟁력 있는 가격과 최고의 품질로 소비자에게 공급할 수 있는 기술력을 갖추어, 언제나 일감이 확보될 수 있도록 해야 한다. 그리고 거래처를 다변화해야 한다. 즉, 국내 경기가 좋지 않으면 수출로 커버하고 수출이 좋지 않으면 내수로 살아갈 수 있도록 내수와 수출의 비율이 균형이 유지되어야 한다. 절대 하나의 대기업에 의존해서는 안 된다. 거래선, 특히 대기업은 상황에 따라 언제든지 거래 방식을 바꾸어 가격을 후려치고 물량을 조절할 수 있으니 적어도 한 거래선에서 매출 의존도가 30%를 넘지 않아야 한다. 거래선 다변화를 시도하고 매출 중 30%는 미래 성장에 대한 새로운 아이템 쪽에서 일어날 수 있도록 해서 미래지향적인 제품 개발에 꾸준한 노력해야 할 것이다.

이제는 새로운 직원이 입사하면, 긴 안목에서 오랜 시간 같이 일함으로써 기술 양성에 따른 생산성 향상을 기대할 수 있다. 새로 들어온 사원에게 월급만 준다고 해서 회사의 책임을 다하는 것이 아니다. 회사 직원들의 공, 사적으로 일어나는 불편 사항과 애로사항을 회사와 상의해서 풀어나갈 수 있도록 해야 한다. 또한 더 오랜 시간을 같이 일을 함으로써 기능 향상에 따른 생산성을 높여 이익이 창출될 수 있도록 해야 한다. 회사 경영이 힘들고 위기가 오면 이를 모든 사원에게 설명해서 모두가 책임 의식을 가지고 위기를 극복하는 정신도 필요하다. 그리하여 모두가 힘을 모아 극복하겠다는 마음으로 내 직장을 지키는 애사심을 가질 때 가정도 직장도 나아가 우리나라가 잘 살 수 있을 것이다.

전문이 없는 것이
내 전문이다

오사카에 가는 비행기를 탔다. 오사카 상공에서 내려다보니 내가 전에 보았던 오사카가 아니었다. 순간적으로 비행기를 잘못 탔나 가슴이 철렁했다. 지금 생각해 보면 어처구니없는 생각이다. 처음 일본을 방문했을 때 반공 교육받고 예비군 신고하고 티켓팅하는 어려운 절차를 거쳐서 오사카로 들어왔지만 회사가 주선한 단체 방문이었기에 안내하는 대로 따르면 되었다. 하지만 이번에는 내가 직접 항공권을 사서 출국 수속받고 일본 가는 것이라 많이 긴장한 것 같았다.

마중 나올 다부치(田淵)상의 얼굴을 억지로 머릿속에 그려 보았다. 한국에서 한번 보았지만 알아볼 수 있을지 걱정이었다. 공항에 내려 나가보니 다행히 다부치가 나를 먼저 알아보았다. 그날 저녁 오사카의 어느 스낵바에서(일본식 선술집) 맥주 몇 병 시켜 놓고 마도로스 파이프를 입에 물고 조그마한 책자를 손에 들고 읽고 있는 다부치의 모습은 중년 신사의 중후한 무게 있는 모습이었다.

본격적인 일본 진출이고 다부치는 처음 거래로 만난 일본인이었다. 가네모토(金本, 재일 한국인)가 데리고 와서 한국에서 만났는데 미타 산업(三田産業)이라는 회사의 대표였다. 미타 산업은 오퍼를 하는 상사 계열의 회사였다. 이때가 90년대 초반이니 약 30년 전이고 내 나이 40대 초반, 직장 생활을 그만두고 개인 사업을 시작한 시점이다. 방문한 회사는 사누키 테코(讃岐鉄鋼)라고 하는데 오사카에서 신칸센을 타고 오카야마(岡山)까지 가서 일반 기차 또는 승용차로 한참 가야한다고 했다. 신칸센은 직장 생활할 때 처음 일본 왔을 때 타보고 두 번째다.

오카야마(岡山)에 도착했다. 다부치의 고향이자 본거지. 일본의 유명한 3대 공원 중 하나인 코라쿠엔(後楽園)이 있는 곳이다. 여기서부터는 승용차로 이동한다. 현존하는 세계에서 제일 긴 다리 세토오하시(瀬戸大橋). 얼마 전에 개통했다고 한다. 아마 내가 한국 사람으로 이 다리를 제일 많이 건너본 사람일 것이다. (300회 이상)

지난번 다부치와 첫 거래 시 납품한 Bend라는 물건이 하시바 부품으로 이 다리 공사에 쓰였다고 한다. 다리는 상, 하판 2층으로 되어 있는데 아래에는 열차 선로가 있고 위로는 일반 차량이

전문이 없는 것이 내 전문이다

다니는 왕복 4차선 도로다. 다리 위에서 잠시 내려서 밑을 내려다보았다. 아찔하다. 세토나이카이(瀨戶內海)의 검푸른 물결이 파도치는 것이 보인다. 이 바닷길로 그 옛날 조선 통신사의 배가 지나갔고 오늘날 내가 통상 업무(수출)를 위해 이 다리를 건넌다. (감회가 새롭다.) 가슴에 태극기를 다시 한번 묻고 각오를 다진다. 스피커에서 안내 방송이 들렸다. 다리 위에 차를 멈추고 내리면 불법이고 단속 대상이니 즉시 출발하라는 내용이었다.

일본은 4개의 큰 섬으로 구성되어 있는데 제일 작은 섬인 시코쿠(四国)에 도착했다. 우측으로 마루가메시(丸亀市)이고 매립지 쪽에 있는 사누키 테코(讚岐鉄鋼)라는 회사를 방문했다.

일전에 한국에서 한번 만나 인사했던 요시가와(吉川) 상무가 반갑게 맞아주었고 다부치, 하시모토(橋本) 대리 그리고 나, 4명이 마주 앉았다. 요시가와가 하시모토에게 나를 간단히 소개하고 용무를 지시하고 나갔다. 하시모토가 도면을 내놓았다. 주강 소재로 기계 가공하는 단품이었다. 나는 제작 가능하다고 했다. 다부치가 먼 길 왔으니 다른 물건도 주문해 줄 것을 부탁했고 하시모토는 용접, 제관품의 도면을 내놓았다.

일감을 확보해야 되겠다는 욕심에 이것도 문제없이 만들 수 있다고 했다. 이번에는 하시모토가 대형 기계 가공에 필요한 구조물 도면을 제시하며 물었다. 가능하냐고. 물론 전혀 문제없다고 했다. 하시모토는 고개를 갸웃거리며 믿을 수 없다는 표정으로 약간 비아냥스럽고 퉁명스럽게 물었다. 당신의 회사는 무엇을 전문으로 하는 회사냐고. 주강·주물도 되니 주조 공장인지, 용접·구조물도 되니 제관 회사인지, 대형 기계 가공도 된다고 하니 대형 설비를 가진 기계 가공회사인지 도대체 무엇이 전문이냐고 물었다. 약간 찰나적으로 생각하고 즉시 답했다. 전문이 없는 것이 내 전문이다. 왜냐하면 대한민국에 있는 공장은 다 내 공장처럼 사용할 수 있으니 당신이 무엇을 주문해도 나는 다 해결할 수 있다고 대답했다. 다음에 기술하겠지만 이때부터 나는 도요토미(豊臣) 스타일이 되었다. (무엇이든 가능하게 하는 스타일)

　삼십 대 후반, 그때만 해도 말과 행동에 순발력이 있었는데 지금은 기억과 발상에다소 늦는 것 같다. 나이 탓인가. 이젠 순발력보다 연륜으로 가야 하나. 어쨌든 이렇게 긴장과 걱정 속에서 첫 일본 영업 출장은 생각보다도 잘 진행되었고 많은 수확이 있었다. 일본과의 본격적인 거래가 시작되었고 30년이 지난 지금도 하고 있다. 거래를 떠나서 한, 일 양국의 이해는 물론이고 하시모토와 인생 동반 길은 이렇게 시작되었다. 그날 하시모토로부터 많은 주문을 받고 도면을 챙기고 무사히 첫 출장을 마쳤다는 안도감에 기분 좋고 가벼운 마음으로 돌아가는 열차에 몸을 실었다. 입가에 미소가 흐른다. 내가 생각해도 멋진 답변이었다.

　"전문이 없는 것이 내 전문이다."

나는 진주 대동공업에 입사하여 내 평생 직업인 기어를 만드는 일에 종사했다. 70년대 초반이라 기어 생산에 관한 이론적 기술이 없는 상태에서 주먹구구식으로 해오던 기어 설계, 생산, 장비 가동 기술을 정상적으로 배웠다. 기어 생산 관련 기술을 배워서 고품질의 기어를 생산할 수 있는 최초의 세대로서 이 기술을 후배들에게 전수했기에, 지금도 기어 관련 업종에 종사하는 사람들은 나를 기어 관련 전문가로 알고 있다. 하지만 나는 기어 제작만으로 기업을 성장시키기에는 한계가 있다고 판단하여 무역 쪽으로 눈을 돌렸다. 그 시절 우리나라에서는 한참 기계 공업이 발전하고 있는 시기라 여러 가지 공작기계 장비가 필요한데 수요는 많지만 조달(생산)이 따르지 못했다.

　또한 이런 기계는 고가이기에 신제품을 구입하기가 힘든 시기였다. 나는 일본에서 중고 기계를 찾아 수입하기 시작했고 수입 판매에 따른 이익도 있었다. 하지만 궁극적인 것은 우리 회사에 필요한 여러 가지 장비들을 일본에서 싼 가격으로 구입하는 것이었기에 동경, 오사카, 나고야 등 일본 대도시의 기계상과의 친분도 쌓을 수 있었다. 거래가 활발해질 즈음 카네모토(金本)라는 재일 교포를 만났는데 여기서 중고 기계 거래의 어두운 면(신용 없음)을 보게 되어 그만두고 다부찌를 만나 일반기계 부품 가공 수출 쪽으로 방향을 바꿨다. 이때 평생의 동반자가 되는 하시모토를 만나게 되는데 산양 최 회장님이라는 분에게 연락이 왔다.

고성 출신으로 고성 향우회 회장을 맡은 분인데 석산을 개발하여 레미콘을 생산하는 회사를 경영하는 분이다. 일본 측 사정과 기계를 잘 안다고 해서 연락했다면서 일본에는 모래를 만들어 쓴다고 하는데 이 설비를 구할 수 있느냐 하는 것이었다. 노태우 대통령 시절인데 강에서 얻은 모래가 고갈되어 바닷모래를 사용하다 염분이 많아 건설 현장에서 문제가 되었던 시절이었다.

기어를 만들고 중고 기계를 수입하던 사람이 석산, 모래, 자갈, 레미콘 등 건설 관련 업무는 처음 접해 보는 일이지만 일본 전역을 찾았다. 최 회장님을 모시고 여러 번 일본을 방문하여 결국 이 설비를 구입해서 산양 레미콘에 모래 생산 크랏샤 설비를 수입 설치하여 지금도 잘 돌아가고 있다. 해상 운송 설비, 제철 설비의 부품을 생산하다가 한국도 재료비, 인건비 상승으로 채산성이 악화하여 더 이상 일본과 가격 경쟁에서 메리트가 없어질 무렵, 나는 보지도 듣지도 못한 항공우주산업 쪽이 미래지향적이고 채산성이 높다는 말을 들었다.

이 무렵 미쓰비시 나고야로 향했고 일반 기계 가공에서 항공우주 부품으로 전환에는 용어, 기술 수준, 생산장비 희소성 등 많은 문제가 있었지만 극복하고 지금도 상업용 로켓 발사 관련한 업무를 추진하고 있다.

이때쯤으로 기억되는데 삼성엔지니어링 즉, 삼엔에서 일본 측으로부터 석유 화학 프랜트 중 폴리 라인을 일본으로부터 구입하고자 하는데 도와줄 수 있느냐는 연락을 해 왔다. 나는 미쯔이의 원청 기술과 후지코키의 생산 기술을 연결, 설득하여 한국에서 만들어 베트남에 설치하기로 했다.

이처럼, 전문이 없는 것이 내 전문이라는 말처럼, 처음 기어 만드는 일을 시작해서 중고 공작기계 수입, 해상, 제철 설비 부품 제작, 석산의 모래 생산 설비, 항공우주 분야, 석유화학 플랜트 등 무엇이든 수요가 있으면 모든 것을 추진해 나갔다. 처음 접해봐서 잘 모르면 공부하고 배워서 찾고, 사업성 있고 보람이 있는 일이라면 내 전문 분야가 아니더라도 전문가를 찾아 물어본다. 전국 어느 대학이든 공장이든 만들 수 있는 곳을 찾아서 전문, 비전문을 가리지 않고 성사하는 것이 내 전문이다.

모르면 전문가를 찾아 배우고, 내가 직접 못 만들면 만들 수 있는 곳을 찾아서라도 제품을 만들어서 수출해야만 나와 종업원이 살고 회사가 성장하고 나아가 국가가 부강해질 수 있다.

나는 차세대 젊은이들에게 대우 김우중 회장님의 '세상은 넓고 할 일은 많다'는 말씀과 함께, 가방 하나 들고 더 넓은 세계 각국에 가서 전문을 따지지 말고 기계든 조선이든 전자든 무엇이든 수주해서 한국에서 만들어서 팔 것을 권한다. 그러면 나와 우리나라가 부강해지는 것이다. 젊은 시절의 도전적 정신으로 '전문이 없는 것이 내 전문'이라는, '무엇이라도 할 수 있다'는 정신으로 법률적, 인륜적 문제가 없다면 무엇이든 수주해서 메이드 인 코리아 상호를 붙여 팔 수 있기를 권한다.

그동안 수없이 일본으로 오가면서 물건을 수주하고 제작 수출했다. 이 과정에서 많은 사람을 만나 도움을 받았다. 시간이 흘러 이미 고인이 되신 분, 정년 퇴임으로 만나 뵙기 힘든 분, 그리고 지금도 도와주고 계신 분 모두에게 감사드린다. 그리고 한,일 양국이 서로 도우며 살아갈 수 있기를 기원한다.

[비전문분야]

No.	분야별	고객사	설비
1	항공우주	미쓰비시중공업	로켓 이탈장치, 무진동 이송컨테이너, 조립용치구,
2	석유화학 플랜트	삼성엔지니어링	플라스틱 원재료 생산설비 드럼플레이커, 드라이어
3	제철설비	일본제철, 코베제강	연주설비, 버너, 쇳물이송설비, 밸브스탠드
4	항만운송 설비	요코하마항	컨테이너 크레인 구동장치, 드럼, 시브, 후크Assy
5	집진설비	JFE	제철소 연소가스처리설비
6	석산플랜트	산양레미콘	모래제작용 크랏샤 및 샌드밀

항공우주분야

로켓을 나고야에서 타네가시마 발사장까지 이동하기 위한 무진동 컨테이너와
발사체 조립을 위한 치구

석유화학 플랜트 분야

플라스틱 원료를 냉각시켜 얇은 조각 상태로 제작하는 설비

제철설비 분야

제철 연주설비에 사용되는 대차, 버너, 플립 밸브등 다양한 제품 제작

전문이 없는 것이 내 전문이다

항만 운송 설비 분야

항만의 컨테이너 크레인에 사용되는 주행장치와 후크 어셈블리, 쇳물이송 장치

집진설비 분야

제철소 연소가스 및 산업먼지 처리장치

모래가공 설비

석산에서 돌을 캐내어 크기별로 분리하여 자갈, 석분, 모래를 생산하는 장비

전문이 없는 것이 내 전문이다

무역과 수출역군

무역이란 사전적 의미로는 '나라와 나라 사이에 물건을 사고 팔거나 교환하는 행위'를 뜻한다. 상업적 의미로는 우리나라에 많이 나고(생산되고 있고) 싼 물건을 다른 나라에 비싸게 팔 수 있고 다른 나라에서는 흔하고 싼 물건이지만 우리나라에서는 귀해서 비싸게 팔리는 물건을 사 오는 것을 무역이라고 한다. 흔히 수출하게 되면 나라에 득이 되고 효자이고 충성하는 것이고, 수입을 하게 되면 장사꾼 개인이 부를 취하는 것으로 나라에 도움이 되지 않는 것으로 인식되는 경우가 있다. 수출이든 수입이든 국가 경제나 개인 기업에 있어서는 둘 다 중요하다.

문제는 무역 수지가 개선되어 전체적인 통계가 수입보다 수출이 많아 남는 장사를 하게 되면 국가 경제가 좋아져서 국가의 신용도나 대외적 위상이 올라 간다. 그래서 우리는 이 무역 수지 개선을 위해서 더 많은 수출이 될 수 있도록 국가와 개인 모두가 노력하고 지원해야 한다.

특히 중개 무역은 싼 물건을 일단 수입해서 우리나라보다 더 비싸게 팔 수 있는 나라에 되파는 행위다. 실질적 생산 활동 없이도 수입해서 더 많은 돈을 받고 다른 나라에 되파는 수출 행위이기에 최종적으로는 나라의 경제에 많은 보탬이 된다. 특히 문화 예술 분야나 지식산업의 경우, 원가에 비해 그 가치를 무한대로 키울 수 있기때문에 발명 특허, 사용료 등은 실체가 눈에 보이지 않거나 형태는 없지만, 인적자원을 활용한 지식, 문화산업으로 그 가치는 무궁할 것이다. 산업자원이 부족한 우리나라에서는 이러한 지식, 문화산업에 더 많은 투자와 지원이 절실히 필요하다.

따라서 수출이건 수입이건 모두가 국가 경제에 도움이 되는 일이다. 더욱이 우리의 경제 여건은 자급자족이 되지 않기에 무역으로 우리가 필요한 물건을 싼 가격에 구입해서 국민에게 저렴한 가격으로 공급해야 한다. 높은 기술력과 고급 인적자원이 풍부한 우리는 이러한 인적자원을 활용한 제조업의 생산 활동을 통해 좋은 물건을 만들어 높은 가격에 팔아 더 많은 이익을 창출해야 할 것이다. 이런 것이 국가 경제 운영에 보탬이 되는 것이다.

우리 경제의 무역의존도가 70% 정도리고 힌디. 이웃 일본은

30%라고 들었고 어떤 나라는 거의 무역을 하지 않고도 자급자족으로 국가를 운영하는 나라도 있다. 하지만 우리처럼 무역의존도가 70%인 나라는 세계적으로도 아주 높은 것이다. 국내에서 모든 것을 생산하여 국민이 원하는 소비를 충당하지 못하니 좋은 제품을 많이 생산하여 외국에 팔아야 한다. 그 돈으로 우리 국민에게 필요하고 우리나라에서 전혀 생산되지 않는 석유류, 천연가스, 희토류 같은 광물 등과, 생산되더라도 모든 국민에게 보급하기에는 모자라는 농·수산물, 생활용품 등을 사 와서 공급함으로써 모든 국민이 생활에 불편 없이 살아갈 수 있도록 해야 할 것이다.

이를 위해 박정희 대통령 시절부터 외화를 벌기 위해 수출을 장려해 왔고, 수출 1억 불을 달성한 1964년 11월 30일을 기해 무역의 날로 제정하고 매년 기념식을 하고 있다. 우리 태원도 김대중, 노무현, 이명박 대통령으로부터 수출의 탑을 수상한 적이 있다.

1960년대 초 우리는 연간 수출 1억 불은 모두가 불가능한 수치라고 생각했는데, 박정희 대통령께서는 모두가 힘을 합치고 열심히 하면 이룩할 수 있다고 모든 국민과 국가 관료들에게 희망을 심어 주었다. 대통령을 비롯한 장관과 관계기관 공무원들이 수출기업을 지원했고, 기업들도 임직원은 물론 젊은 여공들까지 밤잠을 설쳐 가며 열심히 일했다. 정말 그때는 국가와 관계기관,

공무원, 회사 경영진, 현장 종사자들 모두가 한 몸이 되어 오직 수출에 매진하였고, 1964년 11월 30일에 불가능하다는 수출 1억 불을 달성하게 되었다. 이를 기념하고 수고한 기업인들을 격려하기 위해 이날을 수출의 날로 지정한 것이다. 이렇게 모두 하나되어 이룩한 수출 1억 불이라는 자금이 종잣돈이 되어 오늘날 세계 경제 10위권 내에 진입할 수 있었다.

1950년대에는 수출이라는 것은 없었고 원조로 경제를 지탱해왔다. 60년대 들어서는 철광석이나 광물 같은 지하자원을 팔았다. 지금은 대기업이 되었지만, 그 기업의 총수가 마른오징어를 배에 싣고 홍콩으로 가서 팔려고 했으나 팔리지 않자, 이를 담보로 돈을 빌려 우리가 필요한 설탕, 치약 등 공산품을 수입해 왔다는 일화도 있다.

그렇게 시작된 수출이 70년대 들어 와이셔츠 같은 섬유제품이나 가발 같은 일손이 많이 들어가는 경공업 제품을 수출하기 시작했다. 80년대 들어 공업 근대화를 시작하면서 철강, 기계류, 선박 등으로 수출 품목이 바뀌었다. 90년대부터는 반도체와 자동차가 수출되기 시작했다. 2000년대 들어서 석유화학제품, 자동차, 반도체, 컴퓨터 같은 첨단 산업제품들이 수출됨에 따라 2011년 12월 5일 수출입 포함 무역 1조 불 달성을 기하여 무역의 날로 변경 지정되었다. IMF 통계 기준으로 수출액은 세계 7위, 수입액은 9위라는 명실상부한 세계 속의 대한민국이 된 것이다.

전문이 없는 것이 내 전문이다

이렇게 수출이 날로 늘어났지만, 국제 시장에서 물건을 팔기 위한 경쟁은 갈수록 치열해지고 있다. 다른 나라들도 우리보다 더 좋고 싼 물건을 만들어서 우리와 경쟁하고 있다. 나라마다 자국 경제 보호를 위해 수입 관세를 올리고 규제를 강화하고 환율을 조절하는 등 무역장벽이 날로 높아지고 있다. 특히 자유 진영과 공산 진영 사이의 논쟁도 자유로운 시장 경제에 어려움을 가중시켜, 하나라도 더 팔기 위해서는 정부와 민간기업이 하나가 되어 더 많은 노력을 해야 할 것이다. 특히 수출기업에 대한 정부의 자금, 세제 지원과 코트라를 통한 정보제공과 판로 개척 등의 업무지원이 절실한 실정이다.

최근 국영 공기업 사장이 자사 제품을 수출하기 위해 외국에 출장가서 그 나라의 관료와 관계자를 만나 우리 제품의 우수성과 경쟁력을 설명하고 우리 제품을 사달라고 몸 아끼지 않고 뛰어다니며 영업 활동을 열심히 했다. 그 결과 여러 나라 제품을 제치고 우리 물건을 팔 수 있었다. 이러한 수출 계약 성사를 위해 많은 시간을 들여 현지 관료와 관계자를 만나 친분도 쌓아가며 제품을 설명하면서 술도 마시고 밥도 먹고 시간을 많이 들이다 보니 몸도 피곤하고 가정도 다소 소홀했다.

하지만 우리 제품이 선정되어 수출하게 된 것에 만족하고 이러한 수출 물량을 확보했으니 몇 년 동안 사내 일거리도 걱정 없고 협력 업체도 일거리 확보에 환호하며 기쁜 마음으로 귀국했다. 문제는 이후에 발생했다. 국영기업인 이 회사의 회계감사 결과 영업비용을 불법으로 사용하고(비즈니스상 영수증 처리가 어려운 경우가 있음) 외국 출장 시 사용할 수 있는 출장비 한도액을 초과 사용했다는 이유로 수출 계약을 성사하여 많은 일거리를 가져온 사장을 해임했다.

매스컴은 해임당한 당사자를 사회적 불명예자로 보도했다. 가정에서는 국영기업 사장이라 가만히 있어도 임기가 보장되고 퇴직금, 연금도 잘 받을 텐데 그냥 조용히 있지 왜 그 먼 외국까지 가서 고생해서 물건 팔았느냐고, 아무리 국가 경제에 이익이 된다고 해도 거래 성사를 위해 술, 밥값을 초과 사용해서 불명예로 쫓겨나 개인적으로 손실 입는 짓을 했냐고 아내에게 원망을 들었다고 한다. 정말 현장을 모르는 탁상행정의 처사이다. 결과를 얻기까지 노력한 수고는 차치하더라도 그러한 결과를 얻기 위해 밥값 좀 더 썼다고 해임하면 누가 회사를 위해 국가를 위해 우리 모두를 위해 헌신하겠는가.

이 일이 있고 난 후 새로 부임한 사장은 이 사실을 알고 철저히 회사 규정에 따라 일하다 보니 냉엄한 국제 경쟁사회에서 과감하게 움직일 수가 없었다. 그렇다 보니 자연히 수주되지 않았고, 수출 물량 확보가 되지 않으니 국가 경제에도 도움이 되지 못했다. 이 회사는 일감이 부족해져 그 피해는 종업원들이 보게 되고, 나아가 이 회사와 협력하는 하청업체도 일감 부족에 시달릴 수밖에 없게 되었다.

공,사 기업을 막론하고 국가 경제를 위해 노력하다 보면 누구나 실수할 수는 있다. 설령 그릇을 씻다가 깰 수가 있더라도, 구정물이 밖으로 조금 튀어도, 냄새가 조금 나도 닦으면 된다. 누군가는 우리 모두를 위해 일을 해야 한다. 국가 또는 그 회사는 일하다 깬 그릇을 탓해서는 안 된다. 실수를 해봐야 다음에 성공할 수 있고 먹거리를 만들 수 있는데, 그릇 씻다가 조금 흘린 구정물을 탓하고 수천억 원의 거래를 성사한 그 사장이 그 거래를 위해 밥값 얼마 더 썼다고 해임한다면 과연 누가 우리를 위해 수출 전선에서 싸워 줄 것인가. 이 소식을 듣고 한 중소기업인으로서, 수출을 위해 일본으로 수없이 오가며 어려움을 이겨내며 수출 전선에 나서 본 사람으로서, 나는 그 해임된 사장의 심정을 알 수 있기에 마음속으로 그 노고에 박수를 보낸다. 해임되고 실업자 되고 가정에는 무능한 가장이 되어 할 말은 없겠지만 우리 모두를 위해 국가 경제를 위해 헌신해 주신 그 업적을 인정하고 찬사를 보낸다.

국토의 70%가 산이고 쌀도 자급자족이 어렵고 기름도 한 방울 나지 않는, 기초 자원이 너무나 부족한 대한민국. 그러나 다행히 사람은 많다. 정부가 앞장서고, 우리 부모님들은 어려운 여건 속에서도 자식들을 가르쳐 많은 사람들을 훌륭한 인적자원으로 성장시켰다. 이 충분하고 훌륭한 기능을 가진 이 인적자원들은 가방 하나씩 들고 세계 각국을 돌면서 우리의 물건을 팔아야 한다. 정부는 그들이 세계의 무대에서 충분히 춤추고 능력을 발휘할 수 있도록 지원하고 격려하고 뒷받침해야 한다. 박정희 대통령께서 수출의 날을 지정하여 올 한 해도 수출 전선에서 수고가 많았고 내년에도 많은 지원을 할 테니 더 열심히 해 보라고 수출기업인을 격려하셨는데, 정말 어처구니없는 정부 관료의 탁상행정에 실망할 수밖에 없는 일이 나에게도 벌어졌다.

2010년경 수출을 위해 밤낮없이 일본을 드나들며 수주하고 물건을 만들어서 보내고 하다 보니 자연 가정에는 소홀히 할 수밖에 없었다. 집사람에게 원망을 들어야 했다. 한참 일을 하고 있는데 정부 기관에서 연락이 왔다. 이번 수출의 날에 수상 대상자로 초청장을 보내니 대통령이 참석하는 기념식장에 참석할 수 있느냐는 것이다. 그렇지 않아도 집사람에게 회사 일만 전념하고 집안일에 소홀하여 미안한 마음도 있던 때였다. 그동안 열심히 일했고 내조했으니 하루쯤 시간을 내어 서울 구경도 하고 대통령도 만나고 맛있는 것도 먹고 하면 그동안의 소홀함에 위로가 될 것이라 생각했다. 그리고 내년에도 더욱 열심히 할 테니 이해해 달라는 뜻으로 이 초청에 응하기로 했다. 집사람에게 얘기했더니 살다 보니 이런 일도 있느냐고 좋아했다. 즉시 관계기관에서 요구하는 서류를 보내고 대통령을 근접에서 만나게 되니 신원 조회를 받아야 한다고 해서 신원 조회도 해 갔다.

11월 30일 무역의 날 기념식이 서울 무역회관에서 개최하니 10시까지 부부 동반으로 참석하라는 초청 통보와 함께 수상 참석자라는 명찰도 받았다. 그날 꼭 부착하고 참석하라는 통보였다. 당일 아침 일찍 첫 비행기로 김포에 도착하여 늦지 않게 9시 30분경 행사 장소에 도착하니 사람들이 웅성거리고 있었다. 초청해 놓고 신원 조회까지 하고 참석차 왔는데 들어갈 수 없다고 했다. 모두 황당해했다. 대부분 나처럼 지방에서 올라온 사람들이었다.

대통령 경호원은 아무 설명도 없이 못 들어간다고 막고 있었고, 지방에서 초청받아 올라온 많은 사람은 행사 시간 전에 분명히 도착했고 초청 받았는데 왜 경호원이 못 들어가게 막느냐고 거칠게 항의하고 있었다. 우선 집사람 보기 미안했다. 새벽에 일어나서 준비해서 비행기, 택시 타고 왔는데 어이가 없었다. 집사람은 우리 복에 무슨 대통령 연회 초청 참석이냐고 돌아가자고 했다. 실랑이하는 동안 무역의 날 행사는 마쳤고 대통령은 다과 후 돌아갔다고 했다.

더 이상 실랑이를 할 필요가 없어 돌아갔지만 이 어처구니없는 상황에 대해 설명은 들어야 하겠기에 훗날 정식으로 이 문제에 대해서 해명을 요구했다. 정부 관리들의 행정에 대한 어처구니없는 답변을 듣고 또 한 번 분개했다. 이유는 이랬다. 1,000명을 초청하였는데 신원 조회 결과 700명 정도가 참석할 수 있었다. 1,000명이 들어가는 행사장에 700명이 들어가면 군데군데 좌석이 비어 대통령 체면에 문제가 있다. 온다는 700명도 못 올

사람이 있으니 600명 수용하는 홀로 행사장을 바꾼 것이다. 만약 600명 이상 오면 나머지 사람은 자리가 없어 착석이 안 되니 행사 안전 관리상 대통령 경호실에서 입장을 저지한 것이었다.

훗날 노무현 대통령을 만나면 이 일에 대해서 알고 있었는지 묻고 싶었다. 물론 몰랐을 것이다. 알았다면 지방에서 올라온 수출 역군들을 그렇게 대접하지는 않았을 것이다. 적어도 착석은 못하더라도 입석이라도 모두 들어오라고 했을 것이다. 초청 했으니 이것이 당연한 일이다. 그러나 대통령 밑에서 무역의 날 행사를 맡은 주관 부서와 대통령 경호실은 이렇게 초청해 놓고 나 몰라라 한 것이다. 아무도 책임지지 않았고 언론에 문제가 되지도 않았다. 국가 경제와 회사 종업원을 위해 열심히 일하는 수출의 역군만 바보가 되는 탁상행정의 결과이다. 정부는 수출기업에 금융지원을 물론 세제 지원, 판로 개척 등 모든 지원도 해야하겠지만, 이렇게 수출기업의 기를 죽이는 행정을 해서는 안 될 것이다.

무역의 날 대통령 초청행사 건은 그렇게 마무리되었다. 지난 날 박정희 대통령은 수출을 위해 독일까지 가서 그곳에 파견된 광부와 간호사들을 보고 눈물을 흘리면서 위로를 했다는 것을 상기했다. 씁쓸하게 서울 구경한 것으로 우리 부부의 무역의 날 대통령 초청행사 건은 마무리되었다. 아무리 정권이 바뀌고 대통령이 바뀌어 정부 정책과 관료가 바뀌어도 우리는 먹고 살이

수출탑 수상

야 한다.

　내년에도 나와 같은 수출 전사들은 정부의 무능하고 씁쓸한 처사는 잊고 국민과 우리 종업원 식구를 위해서 태극기를 가슴에 안고 혼신의 힘을 다해 뛸 것이다. 다시 한번 '기술인은 조국 근대화의 초석'이라던 박정희 대통령이 생각났다.

　외국에서 우리나라에 공장을 짓고 투자를 하면 결국은 우리의 자산이 되는 것이고 수출 계약을 맺어 물량이 수주되면 나와 내 회사에 이익이 되겠지만 결국은 그 돈은 한국에 남는 것이다.

대한민국 산업 영웅들을 기리며

내가 고등학교를 졸업하고 사회 진출하는 70년대 중반에는 산업 역군이라는 말을 많이 들었다. 이때는 우리나라 산업이 중흥하는 시기로 제조업을 기반으로 하는 모든 산업을 육성하는 시절이었다. 1960년 후반부터 1990년대까지 우리나라의 공업화, 산업화를 이루어 낸 30년 정도의 시절에, 우리 경제를 이끌어 온 산업 영웅들이 기업을 일구어 가면서 고난을 극복해 나가는 지혜와 행동에서 하신 말씀에 감명과 가르침을 받았다. 그분들의 기업가 정신과 어려움을 극복해가는 의지, 사업 스타일, 나아가서 국가와 민족을 사랑하는 애국심에 가득 찬 어록 속에서 가슴 뭉클하고 눈시울이 뜨거워지면서 오늘의 대한민국 경제를 있게 해준 고마움에 한없는 존경과 감사를 드리며 그 어록의 의미를 되새겨 본다.

삼성 이병철 회장님의 어록 중에 운둔근(運鈍根)이라는 말씀이 있는데, 사람은 능력도 필요하지만 운도 잘 타야 한다는 것이다. 운을 잘 타고 가려면 그 운이 오기를 기다릴 줄 알아야 하고 운이 왔을 때 잡을 수 있도록 평소에 전문 지식을 갖추고 준비해 놓아야 한다. 운이 왔는데 그 운을 타려고 하는데 아무런 준비가 되어 있지 않으면 그 운을 그냥 지나갈 것이다. 사전에 공부하고 준비하고 기다려야 한다. 이 말씀을 다시 되새겨보면 누구에게나 생에 몇 번의 운이 오니 사전에 철저한 준비(실력)를 갖추고 운이 왔을 때 망설이지 말고 그 운에 올라타야 한다.(행동)

돌다리만 두드리고 있으면 상대는 벌써 결승점에 다다른다고 했으니 결심이 서면 과감하게 행동하라고 했다. 씨 돈은 아껴두라. 씨 돈은 새끼를 치는 종잣돈이라 하셨다. 이는 아무리 운이 오고 전문 지식을 갖추었다고 해도 차비, 즉 투자할 최소한의 자금은 확보되어 있어야 운을 타고 승천하여 일류 기업을 만들 수 있다고 했으니 항상 전문 분야에 대한 지식 습득과 연구를 꾸준히 하고 기회가 왔다고 판단되면 망설이지 말고 전력을 추구하라는 말씀이다.

시련은 있어도 실패는 없다. 아산 정주영 회장님의 명언이다.

돈도 없고 공장도 없고(조선소) 기술도 없는 가난한 나라에 배를 주문해 줄 사람도 없는데 배부터 계약하고 모래사장에 조선소를 지어 독(Dock)을 만들면서 배를 만들어 갔다. 모두가 상상도 할 수 없고 불가능한 일이지만 이렇게 할 수밖에 없는 현실에는 엄청난 시련이 있었을 것이다. 한발 양보해서 조선소를 짓고 배를 만드는 것은 어렵지만 우리 힘으로 하면 된다고 치자. 돈을 빌리고 주문을 받는 것은 상대가 있어야 하니 그 상대를 설득해서 하고서 동의를 얻고 인정 받는 그것이 진정 어려운 일이다. 나는 지나온 경험에서 그 어려움을 잘 알고 있다. 누군가가 나에게 일거리만 준다면 밤새워 가며 쉬지 않고 만드는 일이야 내가 결정할 수 있는 일이지만, 주문을 하고 돈을 빌려주는 일의 주체는 내가 아니고 상대방이니 이것이 더 어렵다는 것을 나는 경험으로 알고 있다.

서산 간척지에 바다를 가로질러 둑을 양쪽에서 쌓아가는데 마지막 연결하는 부분에 조류의 흐름이 심해 아무리 흙과 돌을 부어도 쓸려가 버려 손 놓고 있을 때, 폐유조선을 가라앉혀(착지시켜) 조류의 흐름을 막고 둑을 연결하는 정주영 공법에서 "이봐, 채금자(책임자), 해보기나 했어?"라는 명언이 생각난다.

아이젠하워 대통령이 부산 UN 묘지에 올 때 추운 겨울이라 잔디가 없어 아무도 조경 공사 입찰을 하지 않았다. 그때 보리싹을 사다가 심어 UN 묘지를 푸르게 물들인 일화는 아무리 생각해도 대단한 방법이었다. 길이 없으면 길을 찾아야 하고 찾아도 없으면 길을 닦아서라도 가야 한다는 말씀도 가슴에 와닿는다. 나 또한 살아오면서 도저히 해결 방법이 없다고 생각했던 것이 하룻밤 자고 다시 방법을 찾아 보면 해결할 길을 찾을 수 있었던 일이 몇 번 있었다. 해결하고자 미음먹고 찾으면 생각지도 못한 곳에서 길을 찾고 길을 내어가며 살아왔기에 이 말이 가슴에 와닿는다.

주위에서는 '저 사람 돈 많이 벌고 성공했어.'라고 간단히 평하겠지만, 그렇게 성공하기까지는 많은 시련과 아픔, 생각과 행동이 그를 성공으로 이끈 것이다. 나는 내 능력에 따른 현실에 만족하고 살지만, 그래도 아쉬움이 있다면 더 젊은 시절에 "세상은 넓고 할 일은 많다."라는 대우 김우중 회장님 말씀대로 좀 더 외국으로 수출로 뛰어나가지 못한 게 아쉬움으로 남는다.

대우 김우중 회장님께서는 외국에 나가면 길바닥에 돈이 깔려 있다고 했다. (나는 일본과 처음 거래할 때 이 말이 실감 났다. 할 일이 너무 많았고 돈도 잘 벌렸다.) 돈이 사방으로 굴러다니는데, 그 돈을 언제 어떻게 거두느냐가 문제지 돈이 안 보여서 못 버는 것이 아니라고 했다.

한국을 기준으로 하면 사업성이 없지만 세계를 기준으로 보면 사업성이 있다. 세계를 보되 현지의 눈으로 보라고 하셨다. 세계를 무대로 생각하면 되는 것이 얼마든지 있다. 이런 가능성을 볼 줄 알아야 한다. 이것이 진정한 세계적 안목이고 글로벌 마인드이다. 수출로 먹고사는 우리나라가 선진국이 되기 위해서는 탄탄한 제조업, 해외 경제 활동의 네트워크 그리고 미래를 짊어질 젊은이의 양성이 필요하다고 했다.

1년 중 대부분을 해외로 출장가는 김우중 회장님의 고충을 잘 안다. 시차로 인해 잠도 불편하고, 식사도, 풍습도, 문화도 다른, 아무도 개척하지 않은 땅으로 비행기를 몇 번이나 갈아타고 며칠에 걸쳐서 우리의 상품을 팔러 가신다. 우리와 제일 가깝고 같은 동양 문화권인 일본 출장도 때론 피곤하고 어려움이 많은데 지구를 한 바퀴 돌면서 먹는 것도 원활하지 못하고 비행기 안에서 편히 자지도 못하는 고충이 얼마나 컸을지 나는 충분히 안다. 하지만 국가와 민족, 회사를 위해 어려움을 헤쳐나가면서 수출을 한다는 것, 외국에 물건을 판다는 것은 엄청 매력적인 일이다. 만약 내가 다시 50대라면 이 수출에 올인하고 싶다. 세상은 넓고 할 일은 많으니, 자원은 부족해도 인적자원이 풍부한 우리나라의 젊은이들은 가방 하나씩 들고 모두 우리의 상품을 팔러 나서야 할 것이다. 이 얼마나 매력적이고 보람 있는 일인가.

1967년 박정의 대통령은 우리도 제철소를 만들어 자체적으로 철을 생산해야만 기계 공업을 육성할 수 있겠다는 일념을 가졌다. 그때만 해도 연간 2,000만 톤 규모의 조강 능력을 갖춘 제철소 만드는 일은 상상도 할 수 없는 일이었지만, 이 일을 박태준 회장께 맡기셨다. 이 지시를 받은 박태준 회장님은 자본도 기술도 경험도 없는 불모지에, 용광로 구경도 해본 적이 없는 사람들을 데리고 포항 모래사장에 제철소를 만들어 쇳물을 생산하는 포철 신화를 이루어 냈다. 1992년 11월 3일 박정희 대통령 묘소에서 "각하의 명을 받아 25년 민에 제철 입국의 업무를 성공적으로 완수했음을 각하의 영정에 보고합니다" 하는 말씀을 하시고 일본으로 떠나셨다. 기계 공업에 종사하는 사람들은 물론이고 모든 국민은, 국가와 민족 그리고 한국 경제 발전을 위해 그 어려운 여건 속에서 세계에서 으뜸가는 제철소를 건립한 것에 감동했다. 지금은 돌아가시고 안 계시지만, 그 당시 제철소 건립을 지시한 박정희 대통령께 지시사항을 완수했다는 보고를 하는 장면을 보면서 가슴 뭉클하고 눈시울이 뜨거웠다.

포스코는 대일청구권 자금을 종잣돈으로 건립되었다. 여기에 젊은 시절 와세다 대학을 중퇴한 박태준 회장님의 일본 인맥에 의한 기술 협조, 특히 친한파로 신일본 제철 회장이자 일본 철강업 협회장인 이나야마(稲山嘉寛) 회장님의 기술지원과 협조가 컸다고 한다. 게다가 박태준 회장님의 경제부국을 향한 철강산업의 중요성에 따른 책임 의식과 국가와 민족에 봉사하는 희생정신에 따른 우향우 정신, 즉 우리 조상들의 혈세로 마련한 돈으로 제철소를 짓는 데 실패하면 우리가 모두 우향우해서 포항 앞바다에 빠져 죽자는 각오와 애국 애족의 정신으로 포스코는 이루어졌다고 본다.

92년 정치적 문제로 일본에서 작은 아파트에 노부부가 월세로 어렵게 생활하고 있을 때, 중국도 한국의 포철과 같은 제철소를 짓기 위해 일본에 지원을 요청했다. 재미있는 것이 당시 일본에서는 '중국이 인구도 땅도 돈도 많지만, 박태준이 없기에 불가능하다'고 했단다. 그랬더니 중국에서는 박태준을 수입해서 모셔 오겠다고 했단다. 이 정도로 박태준 회장은 일본 철강 업계는 물론 세계 제철 관련 업계의 최고의 인물로 인정받고 있었다. 하지만, 평생을 국가에 마치고 청렴하게 사셨기에 돌아가실 때는 자식에 물려준 자산이 한 푼도 없었다고 한다. 오직 평생을 군인으로서 6.25에 참전했고 퇴역 후에는 조국 근대화를 위한 경제 발전을 위해 일만 하시고 가신 분이다.

그는 인간적 의리를 중요시하고 청렴결백했으며 후학을 양성하기 위해 포항공대를 만들었다. 국제적 인맥을 통해서 선진기술을 도입하여 우리의 경제 발전의 기본이 되는 철을 생산하여 중공업과 제조업 육성에 기반을 조성했다. 평생을 국가와 민족을 위해 희생하며 살아오신 박태준 회장님을 나는 우리나라의 최고의 경영자이자 영웅 중 영웅으로 추대하고 존경한다.

지금은 아쉽게도 국가와 민족을 위하고 대한민국의 경제를 위해 헌신하는 영웅들이 보이지 않지만 그래도 다음 세대에서 대한민국을 끌어나갈 산업 영웅이 나올 것을 기대해 본다.

3부

인생 편

직장 생활에서의 12년 개근

학교 다닐 때는 초, 중, 고 12년 동안 한 번도 개근하지 못했다. 우수상도 없었지만 개근상도 받지 못했다. 고등학교 때 개교기념 마라톤대회에서 교단에 올라 상을 받은 것이 유일한 수상 경력이다. 학창 시절에 한 번도 개근해보지 못했으니 직장 생활에서는 12년 이상을 개근해보자고 마음먹었다. 결근을 하면 수당이 없어져서 월급도 적어지기 때문이기도 했다. 직장 생활을 하면서 그것도 매달 한 번꼴로 제사, 집안 행사 등으로 부산, 진주로 오가며 지각, 조퇴 없이 12년간을 만근했다.

그 당시에는 연차라는 단어도 개념도 없었다. 한 달에 1~2번 일요일에 쉬는 것이 전부였다. 지금이야 자가용도 있지만 그 당시에는 지각, 결근하지 않기 위해 부산에서 일을 마치고 밤 9시경 버스를 타고 진주에 도착하면 시간이 밤 11시쯤 된다. 밤늦게 제사를 모시고 새벽 2~3시쯤 2시간 정도 잠시 자고, 부산 가는 첫차(05시)를 타고 구포에 내리면 7시 정도다. 택시를 타면 요금이 많이 나오니 우선 시내버스를 타고 구포에서 동래로 이동했고, 동래에서 택시를 타고 회사에 들어오면 아침 8시쯤 된다. 아내는 천천히 와도 되었지만 아이들과 짐이 있기에 같이 고생하면서 따라나섰다.

이런 환경 속에서 매달 한 번 정도 행사를 치르고 때로 몸이 아플 때도 있었지만, 12년 동안 만근을 하기 위해서는 강력한 의지가 있어야 했다. 나는 직장 생활을 처음 시작하면서 이 의지를 갖추었다. (훗날 담배도 단번에 끊을 수 있었던 것도 '정신력'이었다고 생각한다.) 조금 힘들다고 해서, 어렵다고 해서 포기하고 쉬운 길을 찾기 시작하면 계속 포기할 수 밖에 없다. 이렇게 되면 내가 가족을 책임질 수 없고 다른 사람보다 낙오될 수 밖에 없다.

학교 생활에서야 여러 가지 이유로(경제적) 우수상, 개근상을 못 받고 동기들보다 앞서지는 못했지만, 졸업하고 부모 도움 없이 각자의 방식으로 출발하는 사회생활에서는 지고 싶지 않았다. 경제적으로도 가족을 책임져야 하니 체력이든 정신력이든 업무능력이든 의지가 약해지면 진다고 생각했고 이룰 수 없다고 생각했다.

강력한 의지를 갖기 위해서는 정신적 기준을 만들어 극복해야 한다고 생각했다. 첫 직장인 진주 대동공업에 근무할 때였다. 그날도 야근 근무에 들어가야 하는데, 몸 상태가 좋지 않았다. 몸살인 것 같았다. 아프지만 일단 출근했다. 시간이 갈수록 열이 나고 더 아팠다. 밤 12시가 지날 무렵 참을 수 없을 정도로 고통이 심했다. 조퇴를 하고 가야 하나 생각을 하다가 나는 참고 견디기로 했다. 아무리 아파도 아침이 올 것이니 참고 계속 일을 했다. 사람이 살다 보면 아플 때도 있겠지만 지금까지 살아오면서 경험했던 아픔보다 오늘 밤의 아픔의 고통이 제일 견디기 힘들었다. 그러나 만약 내가 이 아픔을 참고 견디며 근무를 마친다면, 앞으로 살아가면서 오늘과 같이 몸이 아플 경우 오늘도 참고 견디었으니 이보다 덜 아픈 것은 당연히 참고 견딜 수 있을 것으로 생각하고 오늘 아무리 아파도 참고 견디자.

그리고 이 아픔의 강도를 기준으로 해서 차후 살아가면서 몸과 마음의 많은 아픔이 있을 때 나는 생각 할 것이다. 그때도 참았는데 오늘의 아픔이 그때와 비교하면 덜 아픈 것이니 당연히 참을 수 있을 것이다. 그때도 참고 일했고 나았으니 오늘도 참고 일하다 보면 나을 것이라는 의지의 기준을 만들었다. 오늘의 이 아픔을 끝까지 참고 이를 악물고 일하다 보면 아침이 올 것이고 퇴근할 것이고 몸도 나을 것이다. 의학적으로는 무모한 짓이겠지만 내가 살아가는데 정신력을 키우고 해야 한다는 의지를 갖기 위해서는 오늘의 고충을 감수하는 것이다. 체력적인 아픔이 있겠지만 훗날 일어날 수 있는 모든 일들도 지난날 그 어려움을 이겨냈으니 이 정도 어려움이야 아픔이야 얼마든지 넘을 수 있

전문이 없는 것이 내 전문이다

다는 자신감과 강력한 정신력을 갖게 될 것이다.

　나는 기준을 만들었고, 이 기준이 있었기에 학교생활 12년에서 못 했던 개근을 직장 생활 12년을 만근할 수 있었다. 몸의 아픔도 있었지만 훗날 생활 속에서 실패와 좌절의 아픔도 같은 방식으로 극복할 수 있었다. 학교생활에서 유일한 수상 경력을 가져다준 마라톤도 남보다 신체적 능력이 있어서가 아니라, 견디는 정신력으로 달려 전교에서 3등을 한 것이다. 개인 사업을 하면서 발생하는 많은 어려움과 아픔과 시련도 정신적으로 참고 견디는 힘을 길러왔기에 오늘도 회사 직원, 가족 모두와 함께 편안한 잠자리에 들 수 있는 것이었다.

죽음의 문턱에서
기적적으로 살아나다

진주 한국 기어에서 직장 생활을 할 때다.

농기구 회사(경운기 제작)다 보니 연중 일정한 기간은 일거리가 부족한 시기가 있었다. 흔히 이 기간을 일본식 표현으로 히마(暇)라고 했다. 해마다 이 시기에는 (1년에 2~3개월) 정시 근무만 하고 (하루 8시간) 연장 근무가 없어 월급이 줄어든다. 그래도 나는 특수 기계(방산부품)를 가동하는 기능을 가졌기에 연장 근무할 수 있었고 특히 야근을 해야(밤 근무) 수입이 늘 수 있었다.

월급의 구성이 대략 70% 정도는 정상 급료이고 나머지 30% 정도는 연장 근무에 따른 수당이다. 야근의 경우 연장 수당도 많이 받을 수 있다. 그날도 나는 야근을 신청했고 보통 20~30명이 야근을 신청해서 근무하는데 히마(暇) 시기라 모두 인정을 받지 못하고 나와 2~3명 정도만 허가받았다.

전문이 없는 것이 내 전문이다

야근인 밤 근무 때, 많은 기계가 설치된 넓은 공장에서 혼자서 밤새워 일하다 주위를 돌아보면 가끔은 캄캄한 저쪽에서 무언가 나올 것 같은 무서운 생각도 들기도 한다. 큰 소리로 노래를 불러 보기도 했고, 현장에 필요 이상으로 조명을 켜 놓고 있기도 한다. 오늘은 그래도 3~4명이 띄엄띄엄 떨어져서 기계를 가동하다 보니 부분적으로 불빛(조명)이 있어 안심되기도 했다. 저녁 6시경 출근해서 밤 12시 이전에 부지런히 많은 양을 생산해 놓아야 야식을 먹고 1~2시간 여유를 가질 수 있다. 여유가 있으면 잠시 잘 수도 있기에 열심히 기계를 풀 가동하고 있었다. 기어 세파 2대, 호빙 2대, 총 4대의 기계를 가동했고 기어 세파 기계 옆에는 가공물을 세척할 수 있는 경유를 담아둔 세척대(사각 박스형)가 있었다. 공장 높은 곳에 조명등이 있었으나 작업부분을 집중적으로 볼 수 없기에 기계마다 전등을 별도 콘센트에 꽂아서 설치하여 가공 부분만 집중적으로 비추고 있었다.

가공물 하나가 완성이 되면(1~2분 소요) 이것을 들어내고 새로운 가공물을 장착시켜 가공하기 위해 숙달된 동작으로 왼손은 기계를 잡고 오른손으로 가공물을 빼내야 한다. 새로운 가공물을 갈아 넣기 위해 기계 옆에 설치된 세척 통속의 가공물을 짚는 (잡는) 순간 엄청난 괴로움과 몸의 떨림이 왔다. 무언가 떨어지지 않는 느낌을 받았고 오른손의 가공물은 세척통에 닿으면서 스파크(불꽃)를 계속 내고 있었다. 순간적으로 떨어져야 하는데 눈으로 보고 몸으로 느끼지만 떨어지지 않는 이것이 전기 감전이구나 생각했다.

이렇게 죽는 것인가. 순간이지만 (약 10초 정도) 굉장히 길게 느껴졌고 많은 생각들이 머릿속을 스쳐 지나갔다. 몸의 고통이 절정에 다 달아 정신이 몽롱해질 즈음 내 몸이 기계에서 떨어졌다. 그리고 잠시 기절했던 것 같다. 380볼트에 감전된 것이었다. 감전 원인은 기계에 부착된 전등의 전선 피복이 벗겨진 부분으로 전기가 흘렀고 기계와 세척통 사이에 내 몸으로 연결되어 전기가 흘렀던 것이다.

기계 또는 세척통 단독으로 만졌을 때는 전류가 흐르지 않는데 이 두 매체를 내 몸이 연결했기에 내 몸을 통해서 전류가 흘렀다. 이에 따라 가공물은 쇠 부분에 부딪히면서 스파크(불꽃)를 일으킨 것이다. (가공물이 스파크로 인해 녹았다.) 마음은 기계에서 떨어져야 하는데 아무리 몸부림쳐도 떨어지지 않았다. 10초 정도의 시간이었지만 몇 시간이 흐른 것 같은 괴로움과 고통 속에서 머릿속으로는 많은 생각들이 지나가고 있었다. 얼마 정도의 시간이 지났을까? 깨어나 공장 바닥에 누운 것을 알았을 때 문득 생각이 났다.

한 번쯤은 들은 이야기인데, 몇 년에 한 번씩 사망사고가 일어나고 유족들이 찾아오고 울부짖고 하지만 하루 이틀 지나면 아무 일 없이 세상과 공장은 돌아간다는 것이다. 죽은 사람만 회사

전문이 없는 것이 내 전문이다

에서 주는 위로금 조금 받고 불쌍하게 끝난다. 나는 너무 운이 좋았구나, 조상님 덕분이구나, 만약 내가 감전사했다면 어머니도 앞에 죽어간 사람의 가족처럼 울부짖다 아무런 항의도 못 했을 것이다. 그리고 제대로 된 사인과 책임도 밝히지 못하고 회사에서 나오는 몇 푼의 위로금 받고 돌아서서 그냥 슬픔의 눈물만 흘렸을 것이다. 어머니가 그렇게 평생 가슴에 자식을 묻고 살아갔을지도 모른다 생각하니 정말 다행이었다.

기절 후 깨어나서 우선 팔 다리 모든 부분을 천천히 조금씩 움직여 보았다. 다행히 외상은 없었지만, 지금까지 들었던 바로는 한 번 전기에 감전되면 내상을 입는다고 했다. 얼마만큼 언제 후유증이 생길지 두고 볼 수밖에 없었다. 정신을 차리고 일어서서 저 멀리 일하는 동료들을 보았지만, 그들은 멀리 떨어져 있기에 내가 전기 감전이 되어 기절한 줄도 모르고 열심히 일하고 있었다.

아침이 되었다. 반장에게 항의했다. 며칠 전부터 전등의 피복이 벗겨져 있었으니 소모품 교환해 달라고 했는데 교환하지 않아 감전 사고가 있었다고 했다. 하지만 내가 멀쩡하니 대수롭지 않게 오늘 교환하겠다고 했다. 나는 죽음의 문턱에서 살아났지만, 회사의 책임자는 아무런 반응이 없었고 혼자서 울부짖어 보아도 죽음의 문턱을 갔다 온 내 심정을 그들은 이해하려고 하지 않았다.

그 뒤에 내가 회사 책임자일 때나 회사를 직접 운영할 때 철직 중 하나가 야근 작업은 반드시 2인 1조로 근무하도록 했다. 그리고 무엇보다 안전이 제일이고 우선이다. 회사와 내 인생과 가족의 최우선은 안전제일이다. 안전을 위해서는 모든 조치는 다 하고 작업에 임해야 한다. 지금도 오랜 회사 생활 속에서 현장에 들어가면 항상 안전 관련 부분이 먼저 눈에 들어온다. 위험하다고 판단되면 시정토록 지시하고 안전 조치를 하지만 그래도 현장 작업자의 안전 최우선은 자기 자신이 해야 한다.

아무리 회사에서 안전에 대해 조치해도 자신의 안전을 위해 작업 전 필히 작업장 주변과 작업 행동에 대한 안전을 확인해야 한다. 자신이 다치지 않아야 회사도, 가정도 평온하기 때문이다. 젊은 시절의 감전 사고로 1~2년 정도 말로 표현할 수 없는 내상을 느꼈지만 조금씩 회복되었다. 이렇게 살아난 것은 우선 어머니를 살린 것이기도 하다. 내가 죽었으면 어머니에게 엄청난 충격이었을 것이다. 내가 지금 살아있는 것은 어머니와 조상님의 덕분으로, 그때 감전시 기계에서 떨어졌기에 살 수 있었다. 지금의 인생은 덤으로 살아가니 주위의 모두와 함께 감사의 마음으로 살아가리라.

직장 생활의 시작과
개인 사업으로 전환 결단

진주 옥봉에는 버스, 화물차량 주차장이 있고 차량수리를 위해서 작은 철공소들이 줄지어 있었다. 차량 부품을 교환하고 수리할 때, 그 당시에는 부품 교환보다 고장 난 부품을 고쳐서 재사용했기 때문에 산소 용접을 많이 했다. 우리 동네에서 제일 잘사는 윤 씨 아저씨도 철공소 사장님이었다. 고2 때 산소 용접 실습 시간에 카바이트 통에 불이 붙어 혼비백산한 기억도 있다. 나는 아버지에게 산소 용접을 배울 수 있게 윤 씨 아저씨에게 말해 달라고 했다가 혼이 났다. 아버지 말씀은 어렵게 고등학교 보냈으면 큰 회사에 취업해야지 코딱지만 한 철공소에 들어가겠냐고, 더 큰 꿈을 가지고 크게 놀아야 한다고 하셨다.

  3학년이 된 이듬해 6월 초에 대동공업에 입사원서를 넣었는데 보기 좋게 낙방했다. 원인은 신체검사에서 색약판정을 받은 것이었다. 정확히는 모르지만, 색맹은 아닌데 특정 색상이 잘 구분

되지 않는다고 했다. 고등학교 입학 때도 색맹 검사를 한 것으로 기억이 나는데 그때는 아무런 문제가 없었다. 왜 색약판정이 났는지 모르겠고 그 후 신체검사에서 여러 차례 색맹 검사를 했지만 아무런 문제가 없었다. 내가 긴장했는지 검사 오류인지 모르겠지만, 직장에도 못 가고 학교도 못 갔다. 남강에서 낚시하다가 담임선생님께 발각되어 다시 학교로 들어가야 할 상황에서 어머니가 직접 나섰다.

먼 친척 이모부 뻘 되는 분(현장에 높은 지위에 있었음)에게 부탁해서 다시 검사를 하고 입사하게 되었다. 공작과에 배속되었는데 계장이 공 좀 차느냐고 물어보길래 자신있다고 하고 사내 친선 시합에 공작과 대표로 뛰었다. 이때 공을 차는 걸 보고 바로 치차과로 스카우트되어 갔다. 운명이다. 평생에 업이 된 기어 만드는 일이 이렇게 결정되었다. 훗날 느꼈지만, 운명이 한순간에 결정된다는 말이 실감 났다.

입사할 때는 공작과로 배속받았는데 2주 차 일요일 사내 친선 축구대회에 출전했고 공은 좀 차는 편이라 대동공업 대표선수로 진주시장배에 출전하게 되었다. 이때 치차과장에게 스카우트되어 기어 만드는 일이 내 평생 직업으로 자리 잡게 되었다. 운명이었다. 치차과로 출근할 때 학교 모자를 쓰고 당당히 출근했다. 적어도 나는 진주공업고등학교를 졸업하는 엘리트라는 마음이었다.

전문이 없는 것이 내 전문이다

여기 현장에 일하는 많은 사람이 있지만 적어도 내가 한 자라도 더 배웠다는 생각을 가졌다. 지금은 말단에서 시작하지만 머지않은 시간 내에 최고의 기술자가 될 것이라고, 아니 되어야 한다고 나 자신에게 다짐했다. 그 당시 치차과 현장에 50여 명이 일하고 있었지만, 고등학교를 졸업한 사람은 몇 되지 않았다. 나는 공업계 고등학교 출신이니 남에게 져서는 안 되고 뒤떨어져서도 안 되었다. 최소한 이겨야만 본전이라고 생각했다. 이러한 자부심이 훗날 내가 기술적으로 성장하는데 큰 도움이 되었다.

기어를 만드는 일은 수학이 필요했다. 인수분해나 삼각함수 정도는 이해해야 기계를 컨트롤할 수 있는데 당시 현장 근로자는 거의 국졸이었고 몇몇은 중졸이다 보니, 누군가가 정해주는 틀에서 시키는 동작만 반복했다. 기계 공업의 중흥기 시절에 새로운 장비가 외국에서 들어오고, 이를 받아들이는 과정에서(설치, 시운전) 아무리 설명해도 작동 원리를 이해하지 못했다. 그러니 자연히 내가 나설 기회가 많아지고 치차과의 최고책임자인 김 상무님도 나를 인정하게 되었다. 76년도에는 부산으로 스카웃되어 갔다.

치차과가 한국 기어라는 계열사로 독립되었고 여기서 근무한 3년 정도의 시간이 젊은 시절의 최고의 전성기였다고 본다. 매일 점심시간에는 사내 방송을 통해서 외부에서 날 찾는 전화가 왔다. (연애 시절) 봄이 되면 자전거 하이킹, 주말에는 1박 2일 지리산 등산, 사내 헬스, 그 당시 직장 축구 대표선수 등 모두가 부러워하고 인정해 주는 젊음만이 할 수 있는 신세대 주력이었다.

사내에서 무슨 일이 있으면 지휘 체계가 있는데도 나에게 물어보라고 했다. 내가 결정하면 그것이 결정이고 법이었다. 아무런 문제 제기도 없었고 문제될 수 없도록 조치했다. 기술 능력도 젊음도 업무능력도 인간관계도 최고의 시절이었다. 선, 후배 모두가 내가 하자고 하면 따라왔고 회사의 최고 책임 라인 상무님조차 공, 사를 불문하고 일이 있으면 나를 찾았고 나는 해결해 주었다.

경제적으로 그렇게 넉넉하지는 않았지만 최고의 시절이었다. 하루하루가 희망차고 보람 있는 나날이었다. 어느 날 현장에 중년의 남자 한 명이 현장 순시를 하는데 상무님이 안내하고 있었다. 훗날 알게 되었지만 이분이 상무님의 형님인 대일공업 창업자 김 회장님으로, 나를 부산으로 스카우트해간 분이었다.

공장에 소문이 돌았다. 누가 부산으로 책임자로 갈 것인가. 좋은 조건이었다. 월급은 지금의 2배 정도에 집도 사준다고 한다. 최소한 반장 이상 직급에서 5~6명이 거론되고 있었다. 그 당시 대동공업에서 반장이 되면 동네 잔치를 할 때인데, 최소 현장 경력 20년 정도에 나이 40대 중반이 되어야 반장을 했다. 나는 20대 초반으로 정식 직급은 없이 부반장 역할을 하고 있었다.

전문이 없는 것이 내 전문이다

최우선 순위로 해병대 출신인 반장 위의 직급인 김 직장이 거론되고 있었다. 해병대 동호회가 밀고 있었고 회사와 처우에 대해서 협상하고 있었다. 내가 나섰다. 아무도 추천해주지 않았고 자격도 미달이지만, 젊은 기술 소위 말하는 채산성(경쟁력)이 있지 않은가. 상무님을 면담하고 신설회사에 젊은 내가 최고의 가치가 있지 않겠느냐고 자신있게 설득했다. 처음에는 어처구니없다는 표정이었지만 검토하겠다고 했는데 실제로는 회사가 김 직장의 처우를 결정하기 위한 협상용으로 나를 후보로 내세울 생각이었다. 해병대 그룹모임에 불려 갔다. 나로 인해 그들의 대표 김 직장이 더 좋은 조건으로 선택되지 못할 수 있으니 포기하라는 것이다. 순간 생각했다. 이 방에 해병대 출신 10여 명이 있지만, 시비를 걸어 여기서 말썽이 나면 김 직장이 불리해지고 나는 유리하다.

친구들은 밖에서 걱정하고 있었고 나도 떨렸지만 술상을 엎어버렸다. 그리고 해병대 출신이고 나보다 나이는 많지만 우리 부서(班) 내 밑에서 일하는 그 사람만 물고 넘어졌다. 해병대 고참이 싸움을 말렸다. 살았구나 싶었다. 결국 부산으로 가는 책임자로 내가 선택되었고 인생의 큰 전환점이 되었다. 지금도 생각하지만 내가 진주에 그대로 있었다면 우선은 살기 좋고 정 많은 사람과 그 좁은 환경 속에서 비전 없이 그 범주에서 살아갔으리라 생각한다.

부산 서면에서 어떤 방향으로 가는 버스를 타야 반송 쪽(목적지 금사동)으로 가는지 헤매다가 항상 주유소 쪽에서 버스를 타고 갔다. 시내버스를 타고 가다 도심을 벗어나 논, 밭을 지나고 안락동 근처 군부대를 지나면 삼화고무, GM코리아가 있는 금사 공단이다. 부산에 온 그해에는 논에 나락을 벤 흔적이 있었는데 다음 해부터는 벼를 심지 않았다.

당시에 기어 만드는 공장을 짓고 있었는데 사장 이하 관리자 모두가 기어에 대해서 전혀 모르고 있었다. 기계 선정, 배치, 시운전, 가동 인력모집, 작업교육 검사 등 경리, 총무만 빼고 내가 다 해야 했다. 나밖에 아는 사람이 없어 물량 확보도 내 소관이었다. 내가 책임자로 결정될 때 한국 기어 김 상무님의 말씀이 있었고 형님 공장이니 필요한 모든 것은 알아서 조치하고 사후 보고하라는 것이다. 치차과가 독립되어 설립한 한국 기어는 대동그룹의 자회사이지만 한국 기어에서 발생하는 일감의 이익이 대일공업으로 가면 상무님 형님으로 간다는 결론이었다. 그래서 아주 좋은 조건을 만들어서 한국 기어에서 일감을 얻어 납품함으로써 한국 기어는 손실이 되어도 그만큼의 이익이 대일공업으로 가고, 그것은 상무님 형님 회사(대일공업)의 이익으로 남는 것이기에 내가 결재를 올리는 대로 상무님은 싸인해 주셨다.

새 기계를 한 대 사서 일주일 정도 가동하여 납품했는데 기계

전문이 없는 것이 내 전문이다

값이 떨어질 정도로 좋은 조건으로 납품했고 그 이익은 대일공업이 가져갔다. 대일공업은 나날이 발전하여 3년도 안 되어 제2공장을 짓게 되었다. 회사가 잘되니 훗날 정치하는 사람들의 회사 출입이 잦았다. 지금도 한국에서 기어 제작회사로는 제일 크고 주식을 상장한 대일공업이지만, 내가 그만두고 동생인 상무님도 돌아가시고 몇 번의 부도로 많은 사람에게 눈물을 흘리게 하여 원망의 대상이 되기도 했다.

부산으로 스카우트 되어오는 조건으로 임금도 약 2배 올랐고 집도 사주기도 했는데 50평 정도(방 5개)되는 새 집을 통째로 전세 얻어 받았다. 약속과 달랐지만 젊은 마음에 문제 삼지 않았고 정말 열심히 일했다. 회사와 결혼했다고 할 정도로 일을 했고 회사가 나의 삶의 전부였다. 회사 일이 최우선이며 집에 가서도 수시로 회사 업무로 연락이 오면 시간을 가리지 않고 출근하여 밤새워 일을 해결했다. 정말 청춘을 바쳐서 회사를 키웠다. 하지만 어느 날 돌아보니 회사는 발전을 거듭하고 있었지만 나는 죽어라 현장에서 일하고 있었고 그 열매는 다른 사람들이 즉, 사무실에서 근무하는 대학 졸업자 또는 친인척 입사자가 가지고 가고 있었다.

몸을 아끼지 않고 집안 돌보지 않고 오직 회사가 있어야 나도 살 수 있다고 청춘을 다 바쳐 죽어라 일했다. 이것은 내 생각, 내 마음이지 회사는 나에 대헤 최소한의 생활 보장도 해주지 않을 것이라는 생각이 들었다. 아직은 힘 있고 열심히 하니 회사에서는 내가 필요할 것이지만 내 미래에 대한, 내 가족이 살아갈 수 있는 최소한의 생활도 보장받지 못할 수 있다고 생각하니 미래에 대한 두려움과 배신감으로 씁쓸했다.

부산 대일공업 창립 멤버로 십수 년을 근무하는 시점에서 훗날의 내 모습과 위치를 생각해 볼 때 새로운 결심을 할 필요가 있다고 생각했다. 거꾸로 되돌아가서 십수 년 전에, 진주 대동의 한국 기어에서 비전이 없어도 형제, 자매, 친구들이 있는 진주에 남을 것인가, 힘들고 험하지만 비전이 있는 미래를 위해 부산으로 갈 것인가를 고민하고 부산으로 왔다. 십수 년이 지난 지금 또 한 번 미래를 위해 새로운 결심을 할 때라고 생각했다. 결론을 내렸다. 독립하자. 지금 나이에 하지 않으면 영원히 직장 생활을 해야 하고 나이가 들면 밀리고 설움을 받는다.

설령 독립해서 실패해도 다시 재기하든 직장 생활하면 될 것이니 이젠 직장 생활을 마감하자. 더 늦기 전에 내가 직접 회사를 만들어서 나를 위해 내 모든 능력을 쏟아내자. 잘못하면 실패할 수도 있지만 나를 위한 일이니, 그동안 배웠던 기술적 능력, 아직 남아있는 젊음의 힘과 열정으로 한번 해보자. 지금은 회사에 다니기에 그래도 월급은 받지만 나가면 내가 아파 움직이지 못하면 월급도 없고 가족은 굶는다. 제일 문제는 한 번씩 발생하는 편도선염이다. 회사를 그만두기 전에 집, 회사 아무도 모르게 편도선 제거 수술을 위해 병원을 찾았다. 수술 후 깨어나지 않아 아내가 엄청 마음 졸이며 고생했다. 아무것도 모르는 아내에게 상의하지도 않았다. 나는 살아야 하고 살기 위해서는 하루도 쉬지 않고 일해야 했다. 그러기 위해서는 편도선 제거 수술을 할 필요가 있었다.

지금도 아내에게는 미안한 일이지만, 어차피 내 주위에는 상의할 사람도 없고 도와 줄 사람도 없다. 아내는 바깥일을 잘 모르니 걱정만 할 뿐이기에 결과가 어떻든 내가 결정하고 그 결정에 따른 모든 것을 내가 다 감당한다. 나는 몸으로 마음으로 아픔과 기쁨도 풍파를 이겨 내왔기 때문에 언제나 외로운 결정이지만 신중하게 생각해서 과감하게 시행하는 편이다. 수술 후 눈을 떴을 때 권순종 선배가 보였다. 부산에 들렀다가 병원에 있다는 소리를 듣고 병문안을 온 것이다. 평생 잊지 못할 고마움을 느꼈다.

이제 체력이 더 떨어지기 전에, 나이가 들기 전에, 고생되더라도 나를 위한 일을 하기 위해 사표를 제출했다. 얼마나 더 열심히 해야 기반을 잡을 것인가. 개인 사업을 시작하면서 수모도 많이 겪었다. 사기도 당해보았지만 결국 일어섰다. 또 다른 선택의 기로에 왔을 때 일본으로 가는 것을 선택했다. 일본이 나를 살렸다. 그때 대일에서 새 장비가 들어와 기계를 시운전할 때 일본 기술자와의 인연이 기초가 되었다.

일본에서 새로운 기계가 들어오면 일본 기술자가 와서 시운전을 했다. 그때마다 현장 책임자인 내가 그 기계를 인수 받고(작동 교육) 사장님께 시운전 완료 보고를 드리니 멀리 일본에서 와서 수고했으니 일본 기술자와 같이 가서 출국 전에 식사를 대접하게 했다. 항상 온천장에 있는 갈비집으로 가서 식사를 했다. 이때 소위 소갈비라는 것을 원없이 먹었다. 내가 돈을 주고 사 먹을 형편은 안 되고, 회사 경비로 접대하는 자리이니 돈 걱정 없이 먹을 수 있었다. 아마 혼자서 5인분 이상 먹었을 것이다. 그런데 갑자기 아내가 생각났다. 회사에는 미안했지만, 한 번도 먹어보지 못한 이 소갈비를 3인분 포장해 달라고 해서 가지고 갔다. 다 식어 빠졌는데 아내와 아이들은 처음 먹어보는 이 음식을 맛있게 먹었다. 회사의 공금을 사적으로 사용했으니 양심에 걸렸지만 가족이 먹었으니 사장님도 이해할 것이라고 생각했다.

이렇게 일본 기술자를 단독으로 접대할 수 있었던 기회를 살렸다. 사전을 보고 일본말을 배우기 시작했다. 기계 전문 용어이고, 기술적 문장이다 보니 어느 정도 대화가 가능했고, 덤으로 일본 문화, 기업 실태, 현지 시장 등 정보를 얻을 수 있었다. 이로 인해 일본과의 인맥도 쌓을 수 있었다. 현실에 안주하지 않고 미래를 위해서 진주에서 부산으로 왔고, 장래가 보장되지 않는 직장 생활을 과감히 접고 개인 사업으로 전환하고, 일본말도 모르는 사람이 일본과 기래를 하려는 이 모든 결단을 혼자 했다. 누구와 의논할 사람이 없었다. 오직 자신의 생각과 의지로 결단해야 했고 그때마다 나도 부모님이나 남자 형제가 있었으면 상의할 수 있었을 것인데 하는 아쉬운 마음이 들었다.

사업을 하면서 위기 때마다, 선택의 기로에 섰을 때마다, 힘들었지만 결정했고 시행과정에서 닥치는 어려움을 이를 악물고 견디면서 이겨냈었다. 또한 고비마다 애태우고 말할 수 없는 아픔도 많았지만, 결단의 시점이 오면 결단을 내려야만 하는 것이 주요했다. 설령 잘못된 결정일지라도 결정하지 않고 미적거리다가 다 놓치는 것보다 실패하더라도 다시 재기하면 되기에 결단을 내려야 한다.

운명에 맡겨서는 안 된다. 설령 운명이라고 해도 확실한 결단에 따른 강력한 의지와 피나는 노력으로 어려움을 헤쳐 나아가다 보면 기회가 올 것이다. 그리고 기회가 왔을 때 잡을 수 있도록 항상 준비해야 한다. 진주에서 부산으로 이전하고 직장 생활에서 개인 사업으로 전환하고 일본말도 모르는 사람이 일본과 거래를 하려고 하는 이 모든 결단을 혼자서 결정해야 했다. 이런 것을 이겨낼 수 있었던 것은, 설명하지도 않고 앞만 보고 가는 나를 아무것도 모르고 따라준 아내 덕분이다. 아내에게 감사하고 고생시켜 미안하다는 말을 하고 싶다. 덕분에 대동공업에서 한국 기어로, 부산 대일공업으로, 결국 오늘날의 태원이 존재하기까지 된 것은 아내 덕분이고 직원들, 일본의 지인들 이 모든 사람

덕분이다. 정말 감사를 드린다.

전문이 없는 것이 내 전문이다

꿈 이야기

희망이 보인다, 부산으로 가자.

햇살은 너무나 따스하게 내리쬐고 있었고 논에는, 충분하게 물이 잠겨 있었다. 내리쬐는 태양열로 물의 온도는 따스했고 논물 위에는 둥글고 작은 개구리밥도 간간이 떠 있었다. 벼는 진한 녹색의 튼튼한 둥치에 여러 가락의 잎새를 지니고 너무나도 싱싱하고 튼튼하게 논물 속 바닥에 뿌리를 내렸다. 곧게 서서 곧 이삭을 틔울 기세로 자라고 있었다. 다소 강력한 태양이 내리쬐는 정오 무렵이었다.

기계 소리에 잠에서 깨어났다. 오늘도 야간 근무에 들어와서 밤 12시 야식을 먹고 쉬는 시간에 잠시 잠이 들었을 때 꿈을 꾼 것이었다. 수십 년이 지난 지금도 꿈속의 그 풍경을 생생히 기억하고 있다. 꿈속에서 본 너무나도 튼튼한 벼 줄기가 자라서 이삭을 틔우고, 가을이 되면 좋은 결실이 올 수 있으니 미래는 아주 희망적이라고 꿈 해석을 했다. 그 꿈이 주는 미래를 향한 희망의 기운을 꿈에서 깨면서 결심했다.

　'가난해도 부모, 형제, 친구들이 있는 진주에 안주하며 살 것인가' 아니면 '부산으로 가서 어렵고 힘들더라도 가난을 벗어날 수 있는 기회를 만들어 도전해 볼 것인가' 하는 고민을 했다. 고민은 길게 하지 않았다. 꿈속에서 본 푸름과 싱싱한 벼 줄기, 충분한 물과 따뜻한 햇살에서 미래의 희망을 갖게 되어 부산으로 가기로 결심했다. 부산에서 정착하면서 수많은 어려움이 있었지만 젊은 시절의 패기와 정신력 그리고 체력으로 잘 극복할 수 있었다. 수많은 노력뿐만 아니라 좋은 사람들의 도움과 조상님의 은덕으로 잘살고 있기에 감사를 드린다. 그 꿈 덕에 부산으로 오게 된 것이 내 인생에 있어서 잘한 선택이라고 생각한다.

　인생 1막에서는 부잣집 아들로 태어나 부러운 것 없이 자랐는데, 국민학교를 들어갈 즈음 가세가 기울었다. 집도 절도 없는 처지이기에 산동네로 올라가 중학교를 졸업했다. 빈민촌인 산동네 마을이라 주위 친구 모두가 경제적 어려움도 있었겠지만 공부가 싫어 모두 중·고등학교 진학하지 않았다. 하지만, 배를 곯는 경제적 어려움 속에서도 학비를 마련해 학교를 보내주신 어머님 덕에 학교를 잘 다닐 수 있었다. 훗날 살아가는 데 필요한 지식을 얻게 됨에 감사드린다.

　　　　　　　전문이 없는 것이 내 전문이다

꿈에 본 푸르고 싱싱한 벼 줄기

　인생 2막에서는 이 꿈 덕에 현실의 만족보다 힘들고 어렵더라
도 희망을 향해 도전하자는 결심으로 정든 고향 친구 곁을 떠나
부산으로 오게 되었다. 인생 3막에서는 잘 나간다고 자만하고 아
집으로 엄청난 위기에 빠져 모든 것을 잃어버릴 뻔했지만, 자숙
하며 참고 견디며 아픔을 이겨냈기에 다행히 내 가족과 회사를
보존할 수 있었다. 인생 4막에서는 이것이 내가 할 수 있는 최선
이고 한계임을 인식하고 내려놓고 물러서서 지켜보고 있다.

　또 언젠가 새로운 인생 5막이 있겠지만, 꿈에 본 푸르고 싱싱
하며 두툼한 벼 줄기가 충분한 물을 머금고, 따뜻한 햇살을 받아
결실을 향해 성장해 가는 그 꿈속의 환경이 내 자신의 미래라고
생각한다. 아무리 어려워도, 힘들어도 결국은 가을날 좋은 결실

이 누런 벼 이삭을 키울 것으로 생각하고 참고 견디며 그 꿈이 주는 미래의 희망을 믿고 결단을 내릴 수 있었다. 열심히 노력하며 살아왔기에 인생 5막에서는 주위의 모든 분들에게 감사드리고, 만나서 인연 맺은 오랜 분들과 함께 서로 따뜻함을 나누고 배려하고 도와 가면서 살아가기를 기원해 본다.

전문이 없는 것이 내 전문이다

정해진 인연과
만들어진 인연

'인연'이란 말을 들으면 정겹고 다정하고, 서로 가깝게 하나가 되는 느낌이 있어 나도 모르는 전생에서의 무언가를 느끼게 한다. 불가에서는 이 '인연'이라는 말을 많이 쓰는데, 서로의 만남을 통해서 모든 사물과의 관계가 맺어짐을 운명적 필연으로 받아들이는 의미를 가지고 있다. 또한 시공간의 흐름에 존재와 멈춤이 없이 이해와 배려로 모든 것이 용서되고 허용되면서 부드럽고 아름답지만, 사연과 미련을 갖게 하는 솔정(率情, 속에서 우러나는 진실한 마음)의 뜻을 지니고 있다고 본다.

이러한 인연에 대해서 나는 두 종류의 인연이 있다고 본다. 하나는 아득한 먼 곳으로부터 우리가 알 수 없는 존귀한 누군가에 의해서 이미 정해진 인연이다. 이 인연에 따라서 받아들이고 삶을 살아가는 이미 정해진 인연이 있다. 또 하나의 인연은 살아가면서 나에 의해 만들어진 인연이다. 이것은 나의 바람으로 필요에 따라 하고 싶은 마음이 있기에 내가 스스로 만들어 가는 인연이라고 생각한다.

전자의 정해진 인연은 나의 의지와 관계없이 운명에 따라 이미 결정되어졌기에 피하거나 거부할 수 없는 것이다. 자연히 맺어질 수밖에 없어 숙명적으로 받아들여야 하는 것이다. 후자의 만들어진 인연은 나의 뜻에 따라서 내가 하고 싶고 원한다면 관심과 노력에 따라 만들어 낼 수 있는 인연이다.

나는 아내와 20대 초반에 만났으니 어언 50여 년을 넘게 살아가고 있다. 우리는 진주 시내라 하지만 빈민촌인 산동네에서 살면서 처음 만났다. 아내를 만나게 된 것은 국민학교 들어갈 무렵 가세가 기울어 집도 절도 없이 셋방으로 전전하다가 중학교 무렵에 산동네로 셋방 얻어 들어갔을 때였다. 아내는 의령에서 태어난 지 얼마 되지 않아 장모님이 돌아가시고 장인이 어린 딸을 데리고 이 산동네에 우리보다 먼저 들어와 정착해 있었다.

우리 집안의 가세가 기울지 않았으면 산동네에 가지 않았을 것이고, 의령에서 태어나서 장모님이 일찍 돌아가시지 않았으면 아내도 진주 산동네로 오지 않았을 것이다. 우리가 이렇게 만나게 된 것은 전자의 이미 정해진 인연에 의해서 운명적으로 만나게 된 것이다. 20대 초반 동갑인 우리지만 여자 쪽이 보통 3~4년 먼저 결혼을 하기에, 나는 장난삼아 아내가 선보는 다방으로 따

전문이 없는 것이 내 전문이다

라가서 뒷자리에 앉아 아내가 선을 보고 나면 그 상대의 평가를 하면서 결혼하라 마라 하기도 했다. 하지만, 아내가 결혼 적령기를 넘기고도 결혼하지 않았기에 훗날 나와 인연이 맺어진 것은 이미 정해진 인연이라 할 수 있다. 나는 아내와의 인연을 만들기 위해 진주 남강 다리(약 300m)를 어느 때는 3번씩 건너다 되돌아오기를 반복했다.

내가 야간 근무를 위해 남강 다리를 건널 때 아내는 퇴근하고 귀가하면서 남강 다리를 건넜다. 당시 나의 야근 출근 시간과 아내의 퇴근 시간이 겹치기에 다리를 건너는 중에 만날 확률이 높았다. 서로 지나가면서 스쳐보았자 나는 출근 방향이고 아내는 퇴근 방향이라 잠시 눈인사가 전부였다. 특히 아내는 동료들과 같이 걸어오기에 말을 붙일 수는 없지만, 그 한 번의 눈인사를 하기 위해 내가 다리를 건널 때까지 아내를 만나지 못하면 나는 다시 건넜던 다리를 다시 돌아가서 천천히 다시 건너오기를 반복했다. 한 번에 만날 때가 많았지만 못 만나고 2~3번 반복 후 만나는 경우도 더러 있었고, 때로는 3번을 반복해서 건너도 만나지 못하고 출근하기도 했다. 그러면 서운한 마음에 일손이 잡히지 않았다. 그런 다음날은 만나기 위해서 다리목에서 그냥 기다리고 있다가 저 멀리서 오는 것이 보이면 우연히 만난 것처럼 걸으면서 눈인사를 했다. 같은 동네에 우연히 살게 된 것이 정해진 인연에 의해서였고 다리를 2~3번 건너면서 만나려고 애쓴 것이 만들어진 인연이라고 생각한다.

어느 잘 나가는 회사의 창립일에 축사를 해 달라는 요청을 받아 축사를 하러 갔다. 지방 방송국 여자 아나운서가 사회를 보고 있었고, 내 앞에 1~2명의 축사가 있었다. 모두 써 온 원고를 읽으면서 축사를 마쳤고, 내 차례가 왔을 때 나는 이 인연에 대해서 말했다. 회사와 종업원과의 인연 맺음을 이야기했고 인연과 회사의 발전에 대해 축사를 했다. 사회자가 축사하면서(10분 정도) 원고도 없이 하기는 힘든데 이해되도록 잘 말씀하셨다는 찬사를 해 줬다.

내용은 이렇다. 대한민국 부산에서 태어나서 자라고 학교 졸업하고 취직하려고 할 때 하필 이 회사가 부산에 있었고, 그 시기에 내 전공 분야의 사람을 모집하게 되어 지원하고 입사하게 된 것. 이것은 내 취업 시기와 이 회사의 구인 시기가 일치한 것은 정해진 인연이라고 할 수 있을 것이지만, 내가 이 회사에 입사하여 사장님 이하 직원 동료들과 서로 협력하고 의지하면서 오랜 시간을 같이 일할 수 있도록 인연을 만드는 것은 만들어진 인연이다. 회사와 나의 인연이 오래 갈 때 회사가 발전하고 나아가 내 생활과 삶도 윤택해지기 때문이다. 내가 이 회사와 동료들과 오래 일할 수 있도록 인연을 만들기 위해서는 회사를 생각하는 마음과 동료 상호 간의 배려와 협력 이 있어야 하고, 그런 속에서 직장 생활의 즐거움과 보람을 얻을 것이다. 이렇게 되면 회사는 올해보다 더 발전된 내년을 맞이할 것이고 우리는 이것을 위해 아름다운 인연을 만들어 나가야 할 것이다. 이왕에 정해진 인연

전문이 없는 것이 내 전문이다

으로 이 회사에서 만났으니 더 오래 함께 일함으로써, 회사와 나와 우리의 삶이 나아질 수 있도록 아름다운 인연을 만들어 가자고 축사했다.

우리 회사도 20대 초반의 젊은 청춘의 나이에 입사한 직원이 결혼할 때 축하하러 갔다. 얼마 있지 않아 아기가 태어나고 돌이라고 떡을 해 와서 같이 먹었다. 이 아이가 학교에 간다고 한 것이 엊그제 같은데 벌써 대학에 들어가 군대에 간다고 한다. 이 아이는 얼마 있지 않아 제대하고 취업할 것이다. 많은 세월이 흘렀고 나와 우리 직원 모두는 이미 정해진 인연에 의해서 우연히 만났지만, 우리는 열심히 인연을 만들어 가기 시작했고 30여 년 흘렀다. 이러한 인연을 만들면서 회사도 발전해서 성장했고 직원들도 안정된 생활을 하고 있다. 우린 정해진 인연으로 만나 서로서로 의지하고 보다 더 오래도록 한 직장에서 일하면서 인연을 만들어 가고 있다.

한 세대가 가고 나도 나이가 들어 퇴임하게 될 때까지 우리는 서로 인연을 만들어 왔다. 그때의 이 젊은 청년은 성장하여 이제 우리 회사의 주역이 되어 회사를 이끌어 가고 있다. 나도 덕분에 잘 살고 있다. 우리는 세대를 이어가며 이 아름다운 인연을 만들어 가야 한다. 어차피 정해진 인연으로 만났으니 이 인연이 서로를 위하고 도와가며 삶을 살 수 있도록 더 오랫동안 이어갈 수 있도록 만들어 가자. 다음 생에도 또 인연이 되기를 기원하면서.

하시모토 토모미(橋本知己)와의
인연

1990년대 초 사누키 테코를 방문했을 때 처음 만나 어언 30여 년이 넘게 인연을 이어가면서 서로에게 감사하며 아끼며 살아가고 있다. 하시모토는 기계 공업에 해박한 지식을 갖춘 엔지니어이고 어여쁜 두 딸과 아내와 함께 일본 시코쿠의 타가마츠에 살고 있다. 마음은 여리고 정 많고 눈물도 많은 사람이다.

한국인 이상으로 한국을 좋아하고 30여 년간 400회 이상 한국을 오가면서 한국의 기술 산업 발전과 사회 변천사를 눈으로 보고 경험해 잘 알고 있다. 매사가 긍정적이고 살아오면서 때로는 어려운 문제에 봉착했을 때도 있었지만 어떻게든 해결되면 잊어버리고 새로운 일에 몰두하는 정신력의 소유자다. 돈도 잘 벌 줄 알고 멋있게 살기도 한다. 자산을 모아서 누구에게 물려주겠다는 생각보다 주변 사람들을 위해 보람 있는 일에 멋있게 쓸 줄도 아는 사람이다.

전문이 없는 것이 내 전문이다

하시모토가 근무하던 사누키 테코라는 회사가 파산해서 그가 곤경에 처했을 때 나라가 다르고 국경이 있으니 '더는 인연을 이어갈 수 없겠구나'라는 생각을 했는데 나와 우리 회사가 정신적으로나 경제적으로 어려움에 처했을 때 그는 진정으로 나의 관점에서 나와 우리 회사, 우리 가족을 위해 도움 주기를 아끼지 않았다. 나 또한 진심으로 그를 대했고 우리는 서로가 어려운 처지에 있을 때 마음으로 또는 물질적으로 모든 것을 줄 수 있다고 생각했고 그렇게 하면서 살아왔다.

하시모토는 전화기 한 대로 시작한 태원의 오늘날이 있기까지 최고의 후원자요 조력자였다. 국적은 다르지만 우리는 하나요 그는 태원의 영업사원이다. 하시모토는 나의 친구이자 동료이고 가족이다. 좀 더 세월이 흘러 하시모토가 현직에서 물러나면 하시모토와 그의 가족은 태원의 직원으로서 당연한 권리가 있고 우리 태원은 진정으로 그와 함께할 것이다. 그가 있었음에 오늘날 태원이 생존 가능했기 때문이다.

누구나 경제적 관점에서 서로의 이익을 위해 오랜 시간 같이 일할 수 있겠지만 일로 만나서 서로의 마음을 이해하고 진정으로 가슴속 솔정의 마음으로 인간으로서 서로를 의지하며 안부를 걱정하는 사이가 되기는 힘들 것인데 아마 우리는 전생에 서로 각별한 인연이 있었을 것이라 믿는다.

서로 멀리 떨어진 다른 나라에서 태어나서 1억 7천만 인구 중에 두 사람이 만날 수 있었던 것은 누군가에 의해 정해진 인연으로 만날 수 있었고 30여 년을 함께해 온 세월 속에서 서로의 배려와 아낌으로 인연을 만들어 왔기에 지금도 그 인연은 계속되고 있다.

나는 그가 좀 더 오랫동안 부인과 함께 행복하게 살아가기를 원한다. 하시모토 또한 나의 마음과 같을 것이다. 언젠가 세월이 흘러 누군가가 먼저 하늘나라로 간다면 우리는 반쪽을 잃은 심정일 것이다. 남은 세월도 지금처럼 서로서로 위하면서 아끼고 아름다운 인연을 이어가기를 바라는 마음이다.

いつもお世話になっております。
お陰様でありがとうございます.

아름답게 내려놓자

내가 그분을 만났을 때 30대 초반이었고, 그분은 한참 정열적으로 사업을 하며 회사를 키워가는 40대 후반이었다. 평소 존경하고, 어려울 때 의지하며 많은 도움을 받아왔다. 업무 외에도 사람이 살아가는 도리를 가르쳐주며 이끌어 주신 분이기에 평생을 모셔야 할 분이다. 그렇게 사업적 도움과 인간적 삶을 배우면서 살아온 세월 속에 내가 70살이 되었으니 그분은 팔십 후반, 구십을 바라보는 연세이다. 그런데도 아직 회사에 출근하신다. 지금 팔십 후반의 나이로 공대를 졸업하고 기계 분야에 관록을 쌓고 이를 사업과 연관시켜 회사를 강소(중소)기업으로 키워왔다. 그 시절 대학을 졸업했으니 일반 상식이나 세상 살아가는 물정도 풍부하신 분이다.

어느 날 동양화와 서양화를 구분할 줄 아느냐 묻길래 "초가집이나 산을 그리면 동양화기 이니냐"고 했는데, 그분우 화폭에 어떤 색이라도 빈틈없이 다 칠하면 서양화이고 흰 종이 위에 그림만 그리고 여백을 칠하지 않으면 동양화라고 했다. 당신께서 자식들을 명품으로(변호사, 의사 등) 키워 보니, 자신의 곁을 다 떠나고 고향과 집안을 지킬 사람이 없단다. 학식을 갖춘 명품보다 사람의 정과 도리를 아는 사람으로 키워야 된다는 조언도 해 주셨다.

나와는 일 년에 3~4번 전화를 하는데, 주로 그분이 필요할 때 나에게 전화를 주신다. 옛날 사람이고 기계공학을 전공해서인지 내용이 간단명료하고 딱딱하다. 언제나 똑같은 패턴으로 전화가 오고 똑같은 대답을 한다. 전화기에서 '여보세요' 하는 소리가 들리면 그분이라는 것을 알게 되고, '예, 접니다.' 하면 '바쁘냐?' 하고 묻는다. 그러면 '아닙니다.'라고 항상 같은 대답을 하면 '지금 올 수 있냐?'라고 물어오고 나는 '예. 가겠습니다.'라고 한다. 용무도 뒤로 미루고 차를 돌려 뵈러 간다. 우리는 이전의 전화도 다음의 전화도 똑같은 질문과 똑같은 대답으로 전화 대화를 한다. 아무리 바빠도 그분이 부르시면 즉시 찾아 뵙는 것이 나는 도리라 생각한다. 그분은 젊은 시절부터 일을 배우기 시작해서 남보다 열심히 했고 한눈팔거나 쉬지 않고 오직 자신과 회사, 기술개발을 하고 정열적으로 일하면서 개인 사업을 시작하여 회사를 만들었다. 어느 정도 그 분야에 전문성을 갖추고 명성도 얻고 회사도 발전하여 자리를 잡았지만 돌아보니 어느덧 나이 들어 노년에 접어들었다.

　　　　　　　　전문이 없는 것이 내 전문이다

이젠 다음 세대가 이 일을 이어갈 수 있도록 내려놓고 물러서야 하는데, 오늘의 이 회사를 이루기까지 몸 돌보지 않고 쉼 없이 오직 일에만 전념했던 자신과 지금의 세대와 비교하면 젊은 사람들의 행동과 사고는 이해도 안 되고 걱정도 되는 것이다. 그분은 모든 것을 본인이 판단하고 조치하다 보니 자신이 아니면 할 수 없다는, 본인의 판단이 최고이고 안전하다는 생각을 가지고 있다. 매일 출근하여 일해서 건강을 유지하는 긍정적인 면도 있지만, 이젠 회사 일을 내려놓고 물러서야 함에도 걱정과 우려로 그 일을 내려놓지 못하고 있다.

주위를 돌아보면 공무원 하던 친구도, 회사 다니던 친구도, 직원들도 정년을 지나면서 하나, 둘 일에서 손을 떼고 새로운 제2의 인생을 즐기고 살아가고 있다. 그런데 그분은 오늘도 출근하여 혼자만의 걱정과 불안함에 일을 내려놓지 못하고 이런저런 간섭을 한다. 이미 구시대의 관념으로 옳다고 생각해서 말하고 지시하지만, 듣는 직원 들은 생각이 다르다. 그들은 면전에서야 호응하겠지만, 이미 맞지 않는 이론이요 이미 시대는 지난 것이다. 같은 생각을 공유했던 사람들은 다들 은퇴했는데 현시대와 맞지 않는 그 시절의 사고만 고집하니 새 시대로 나갈 길을 막고 있는 노년의 아집으로 들릴 수밖에 없다. 지난 시대에 열심히 노력하여 이만큼이라도 이루었고, 이것이 내 능력의 결과이니 그 결과에 대해 만족해야 할 것이다. 지금부터는 본인의 역할은 끝났다고 생각하고 차세대에 믿고 맡겨야 한다. 쉽지 않겠지만 억지로라도 결단을 내려 걱정을 털어버려야 한다. 어쩌면 나보다 더 잘해 나가겠지 하고. 만약 차세대가 회사를 잘못 운영하여 좋지 않은 결과가 온다 해도, 그 몫은 차세대가 감당할 것이니 숙명이라 생각하고 편안한 마음으로 아름답게 퇴장해야 한다.

오늘도 집사람은 부처님 집(절)에 간다. 가족 모두의 안녕을 위해 열심히 기도한다. 딸이든 아들이든 부모의 입장에서 보면 항상 걱정이 되니 자식들 각자들에 대한 바람이 이루어지기를 소원한다. 그저 마음으로 잘되기를 비는 것으로 그쳐야 하는데 만족스럽지 않은 부분을 하나하나 만들어서 걱정한다. 이 또한 내려놓아야 할 걱정을 안고 있는 것이다.

살아가다 보면 인생사 여러 가지 문제에 봉착하겠지만 이걸 헤쳐나가는 것이 인생이고 이는 그들의 몫이다. 저들이 회사를 잘 이끌어 갈까, 자식들이 아픔 없이 잘 살아갈 수 있을까 하고 지금이야 걱정이 되겠지만, 지금 내려놓지 않아도 언젠가는 내려놓아야 할 일이다. 잘하든 못하든 지금까지의 결과물은 나 자신의 능력과 노력의 산물이고 자식들도 살아가야 할 인생이니 이 모든 것은 다음 세대의 몫이다. 걱정되고 우려도 되겠지만 어쩔 수 없는 일이다. 이 이후의 결과는 그들의 몫이고 그들의 인생이다. 괜히 쓸데없는 걱정을 만들어서 하지 말고 편안한 마음으로 그들에게 맡기고 아름답게 내려놓자.

세상에서 제일 아름다운 소리

하시모토가 물었다.

이 세상에서 제일 아름다운 소리가 무엇이냐고. 나는 주저 없이 답했다. 내가 일하다 마칠 무렵 잠시 짬을 내어 집에 전화했을 때, 아내가 밥을 먹다 전화를 받으면서 내는 음식을 먹고 있는 소리가 가장 아름다운 소리라고. 이것이 그렇게 아름답고, 마음을 편하게 하고 안심이 되는 소리라고. 그 소리에는 오늘 하루도 아이들이 아무 탈 없이 잘 놀고 집에 들어와 내가 일해서 마련한 양식으로 아내가 음식을 만들어서 아이들에게 충분히 나누어 먹이고 아내도 잘 먹고 있다는 소리다.

아이들이 하루를 잘 보냈고 모두 모여서 먹고 있으니 빨리 일 마치고 와서 저녁 먹으라고 하는 전화기에서 들려오는 음식 씹는 소리. 이 소리가 세상에서 제일 아름답고 편안하면서 보람 있고 힘이 솟는 소리라고. 나는 그 소리에서 오늘도 어렵고 힘들었지만, 나의 노력으로 우리 식구가, 내 아이들과 아내가 밥을 먹고 있구나, 그리고 아내는 아이들과 함께 편안한 잠자리에 들겠구나, 오늘 하루도 무사히 마쳤고 가족들도 아무 탈 없이 배불리 먹고 편안한 잠자리에 들겠구나 하는 안정을 얻는다. 그러면 나는 편안한 마음으로 피로함을 씻고 서둘러 일을 마치고 아내와 아이들이 기다리는 집으로 향한다.

퇴근해서 집에 도착하면 아이들은 모두 꿈나라로 가 있을 것이다. 내일도 힘들겠지만, 일 마칠 무렵 염려스러움에 집에 전화하면 아내의 음식 씹는 아름다운 소리를 들을 수 있을 것이다. 매일매일 무탈하기를 조상님께 기원하면서 힘을 내어 본다.

전문이 없는 것이 내 전문이다

어머니

60년대 말 어머니에게 블루칩은 새우젓이었다. 방 한 칸 전세 얻어 7남매가 같이 자고, 하루 벌어 하루 먹는 시절이었다. 돌아서면 먹을 것이 동이 나는 형편이었다. 진주시장에서 외상으로 새우젓 한 동이 얻어 머리에 이면 목이 오그라질 정도이지만, 어머니는 이것을 이고 시골로 화전민 부락으로 팔러 갔다. 차가 귀한 시절이기도 하지만 돈이 없어 탈 수 없고 도보로 간다. 그래도 시골 인심이 좋아 산중마을에 도착하면 밥 한 끼 얻어먹고 새우잠 정도는 걱정 없었다고 한다. 시골 인심이 좋지만 돈은 귀하니 물물 교환을 한다. 새우젓 한 사발 주면 쌀, 감자, 수수 등으로 새우젓과 물물교환하고 재수 좋으면 현금도 조금씩 받는다. 무거운 것은 그냥 맡겨두고 길을 간다.

그렇게 3, 4일 산중마을을 헤매며 무거운 새우젓 한 동이 다 팔면 새우젓 동이는 갈수록 가벼워지지만 온 길 되돌아오면서 돈

대신 받아 맡겨 놓은 쌀, 보리, 감자, 수수 등을 모아서 오는데, 처음 출발할 때 새우젓 무게보다 3~4배 더 무겁다. 하지만 장사 끝에 보리쌀도 생기고, 수수도 생겼으니 한 보름은 자식들 배 곯지 않는 것이다.

지난날 어느 밤, 산중에서 길을 잃고 헤매셨는데, 무서움과 두려움에 머리에 인 곡식의 무게도 잊은 채 땀범벅이 되어 길을 찾아가고 있을 때라고 하셨다. 새 한 마리가 앞에서 저만큼 날아가고 따라가면 또 저만치 날아가고 해서 그 새를 따라오다 보니 자갈 깔린 신작로가 보였다고 하셨다. 이제 살았다. 머리에 인 곡식의 무게와 피로감으로 땀범벅이 됐지만, 이제 자식들을 먹일 수 있겠구나 하는 생각에 안도했다고 한다. 어머니는 그 야밤에 아무도 없는 산속에서 새가 길을 인도한 것은 조상님이 새를 보내 자식들을 살리라는 뜻이 있어서라고 하셨다.

시계도 없던 시절에, 어머니는 저녁달 보고 밥을 지어서 드시고 나를 깨운다. 통금이 있던 시절에 어둡고 아무도 없는 길을 혼자 가기 두려우니 진주역까지 같이 가자고 하신다. 말로는 깨우면 니가 제일 잘 일어나기에 나를 깨운다고 하지만, 모두 여자아이, 그리고 동생들이니 내가 일어나야 한다는 것을 나도 알고 있었다. 아무런 불평 없이 일어나서 어머니를 진주역까지 배웅했다. 어머니는 새벽 기차를 타고 부산의 굴다리 시장(장소는 기억나시 않는다)에 고구마를 팔러 가곤 하셨다. 정식으로 열차표를 구입해서 가기에는 돈이 없으니 항상 철망이 찢어진 소위 개구멍으로 들어가서 사람이 타지 않는 화물칸에 타야 차비를 들이지 않고 간다고 했다.

그날도 일어나서 어머니와 함께 보름달이 훤하게 비추고 있는 길을 걸어갔다. 열차 시간 놓칠세라 급히 칠암 파출소 옆을 지나는데 순경으로부터 제재받았다. 통금시간에 왜 가느냐고 단속에 걸린 것이다. 어머니는 순경에게 자초지종을 설명했다. 장삿길인데 시계가 없어 달을 보고 시간을 갈음하여 집을 나섰다고, 하루 벌어야 자식과 살 수 있다고 말씀하셨다. 그 말을 들은 순경은 따뜻한 보리차를 대접하면서 지금 시간은 새벽 한 시 정도이니 불편하더라도 여기서 한두 시간 지내다 가시라고 했다. 나는 난롯가 의자에 앉아 기분 좋게 잠을 조금 더 잘 수 있었다. 아직도 그 파출소는 그 자리에 있지만 그 마음씨 좋은 순경은 살아계실까. 아마 좋은 곳으로 갔을 수도 있을 것이다. 그때의 고마움에 감사 드린다.

그렇게 1~2년이 지났을까, 아마 내가 중학교에 갈 무렵일 것이다. 그날도 고구마를 구입하기 위해서 어머니는 친정인 외가에 갔다. 외할머니가 차려주시는 점심을 먹으려고 할 때 신작로 위쪽에서 택시가 온다는 알림이 왔다. 외가는 진주집에서 4~5km 떨어진 진양군 정촌면이고 국도변 신작로(자갈길) 옆에 있었다. 버스가 별로 없던 시절이라 놓지면 1~2시간 기다리는 것이 예사이기에 먹던 점심 숟가락을 놓고 급히 택시에 합승했다. 잠시 가다가 택시 기사가 백미러 속의 어머님을 확인하고 인사하기 위해 고개를 돌렸고, 다시 정면을 주시했을 때 택시는 20~30m 정도의 낭떠러지를 굴러서 논두렁에 처박혔다. 어머니는 구사일생으로 목숨은 건졌지만, 오른쪽 다리가 골절되었다.

그 택시 기사는 지난날 우리 집에서 트럭 운전을 하던 사람이었다. 그 당시 차주인 사모님을 보니 너무 반가워서 인사하다 사고가 났고, 그 일로 어머니는 3차례의 수술을 받았고 병원 생활을 3년간 했다. 보험도 없는 시절에, 그나마 아는 사람이라 1차 수술비만 택시회사에서 지불했고, 4~5년을 걸쳐서 진행된 2차 3차 수술비는 없는 살림에 부담이 되었다. 여러 차례 수술로 뼈는 연결되었지만 무릎을 접을 수가 없었다. 뻣뻣한 다리를 들고 불편하게 하게 앉고 서고 했고, 걸어갈 때도 무릎이 굽혀지지 않으니 한쪽으로 쩔뚝거리며 걸었다.

그래도 자식을 먹어야 했으니 장사를 해야 했다. 다행히 윗집 배 씨 아줌마는 젊은 나이에 힘은 세지만 아무런 경험이 없었고, 어머니는 몸은 불편하지만 장사 수단과 경험이 풍부하니 두 사람이 서로 도와 힘을 합해서 장사를 시작했다. 그날도 초전 등지에서 과일을 실은 리어카가 말띠 고개를 넘어오고 있었다. 어머니는 불편한 다리를 끌고 말띠 고개 중간쯤에서 그들을 기다리다 상품이 될 만한 과일 수레를 만나면 그 수레를 잡고 함께 내

전문이 없는 것이 내 전문이다

려왔다. 그렇게 그 수레와 함께 내려와야만 그 수레에 실린 물건에 대한 우선 협상권이 주어지는 그곳만의 룰이 있었다. 올라갈 때와는 달리 내려올 때는 한쪽 다리가 뻣뻣해서 무릎을 구부릴 수 없으니 쩔뚝거렸다. 내리막길에서는 걷기조차 힘든데, 물건 실은 수레의 무게로 인해 과속으로 달려 내려가고 있었다. 그것을 놓치면 우선 협상권이 없어지니 걷는 것이 아니라 한쪽 다리를 달고 한쪽 다리만으로 필사적으로 뛰었다. 평지에 내려와서야 불편한 다리의 아픔을 잊고 가쁜 숨을 몰아치며 흥정을 시작했다. 만약 흥정이 잘되지 않아 거래가 성사되지 않으면 또다시 그 고개를 불편한 다리로 올라가서 또 다른 과일 생산자 수레를 만나 어렵게 사력을 다해 그 고개를 내려 와야 한다. 그렇게라도 해서 흥정이 되어 벌이가 있으면 좋은데 공치는 날에는 어머니는 내일 당장 자식들 먹을거리와 학교를 보낼 때 준비물 살 돈을 줄 것을 걱정했다.

그런 날 저녁에는 유난히 통증이 심해서 밤잠을 설치기도 했다. 아침을 먹이고 학교 보낼 때 몇 푼 남지 않는 돈주머니 풀어놓고 우리 형제간들이 서로 준비물, 월사금 달라하니 조금씩 나누어주는 흥정 아닌 흥정을 한다. 다 주고 없어서 받지 못한 자식은 내일 준다고 달래어 학교에 보냈었다. 그래서 나는 미술 시간이 싫다. 준비물이 제일 많으니.

그때에는 마을 친구 모두가 학교에 기지 않는데 왜 우리는 먹을 것도 모자라는데 돈 들여 학교에 가야하는지 이해가 되지 않았다. 하지만 아무리 어려워도 학교에 가서 공부를 해야한다는 어머님 덕분에, 학교에서 배운 지식을 바탕으로 오늘날 내가 이렇게 살아가는 것이다. 훗날 그것을 느꼈을 때 그 어려움 속에서도 학교를 보내주신 어머님께 존경과 고마움을 가슴 저리게 느꼈다. (그 덕분에 동네에서 처음으로 고등학교를 졸업하게 되었다.) 아마 그 시기에 어머님은 60을 바라보는 나이로 3차례 수술에 온몸 이곳저곳이 아팠을 것이지만, 몸과 마음의 아픔과 어려움을 오직 자식을 위한 부모의 마음으로 견뎌 내셨으리라 생각한다.

내가 태어났을 때 우리 집은 진주 연화사 절 정문 앞 고래 등 같은 기역 자 형의 100평 정도 되는 기와집이었다. 트럭도 3대나 가지고 있었고, 진주 중앙시장에 큰 포목 점포는 물론이고 진주 주변의 옥종, 반성, 덕산, 산천 등 군면 소재지마다 오일장을 볼 수 있는 점포를 가진 포목 대상이었다. 장날마다 포목짐을 실어야 하고 같이 다니는 장꾼들의 짐도 있고 해서 트럭을 구입했다. 사업이 번창하다 보니 3대까지 구입하여 운영하고 있었다. 그때의 트럭은 운전수와 조수가 있는데 조수가 차 앞에서 핸들을 손으로 돌려서 시동을 거는 시대였고 그때의 차량번호를 평생 기억하고 있는데 2796, 3508이었다. 아마 내 기억에서 가장 오래된 기억이고 영원히 잊어지지 않을 것이다.

포목 내상에 트럭 3대로 운수업까지 하는 진주에서 5대 부자에 속했는데, 어느 비가 유달리 많았던 해 추석 대목장을 마치고 같이 장사를 하던 상인들이 우리 차에 짐도 싣고 짐칸에 타기도 해서 대목장을 마치고 귀가가던 중 지리산 골짝 낭떠러지 절벽 아래로 차가 추락하는 사고가 발생했다. (덕산, 원지 인근으로 추정) 그때는 보험제도가 없었고 트럭 짐칸에 사람도 타고 있었다. 인사 사고가 발생하여 치료, 보상하는데 차 3대와 살던 기와집을 팔고 해서 3년에 걸쳐 사고 보상 정리를 끝내다 보니 차츰 가세가 기울어졌다. 급기야 산동네에 단칸방 월세 신세가 되었는데, 그때가 내가 중학교를 입학할 무렵이었다.

어머니는 진주에서 제일 큰 포목상을 하며 운수사업까지 하는 대상에서, 가진 건 모두 사고 보상처리로 내어 주고 하루아침에 전 재산을 잃고 단칸방을 전전하면서 새우젓 장사에 고구마 장사를 하는 신세로 바뀌었다. 다리 수술 후 청과물 장사로 바꾸었는데, 주위의 보는 눈도 있고 본인의 자존심도 있는데 이런 마음과 몸의 고생을 이겨내면서 자식을 가르치고 키워왔다. 과연 나라면 이 고통을 이겨낼 수 있었을까? 재기해야 한다는 마음도 있었겠지만 아마 자식을 위한 마음으로 버티며 이겨냈을 것이다.

이렇게 집도 절도 없이 산동네에 방 한 칸 얻어 올라왔지만, 조상을 모시는 일에는 소홀함이 없었다. 없는 살림에 월 한 번꼴로 모시는 제사도 빠짐없이 정성으로 지냈다. 하지만 경제적 어려움은 감당하기 어려웠나. 한빈은 어머니가 못 쓰는 책들을 모아서 고물상에 팔아오라고 했다. 그 판돈으로 (아마 지금 기준으로는 5,000원 정도 되었을 것이다.) 쌀 한 되 사서 밥 짓고 제사를 지낸 적도 있었다. 그리고 어머니 말씀이 제삿날이 다가오면 항상 어디선가 돈이 생기는데 이번에는 생기지 않으니 집에 있는 폐지까지도 팔아서 제사를 모시자 하셨다. 다음날에는 쌀이 없어 굶기도 했지만 그렇게 조상님을 정성으로 모신 덕분에 오늘날 자손인 우리가 잘 살아갈 수 있다고 본다.

이렇게 자란 우리 형제들은 자연히 강한 생활력을 갖게 되었다. 학교를 졸업하고 사회생활을 시작하면서 누구보다 열심히, 악착같이 벌어야 한다는 마음이 생겼다. 나와 누나가 성인이 될 즈음, 경제적으로 다소 나아지고 있었지만 어머님 마음의 허전함은 하소연할 수 없었을 것이다. 아버지가 돌아가시고 그렇게 애지중지하던 외동아들이 장가가니 허전했을 것이다. 그것도 부산에서 생활하니 매일 밤 혼자서 주무실 때 밤잠 설쳤을 것이다. 어쩌다 아들, 며느리가 손주를 데리고 올 때는 어찌나 좋아하셨던지. 그 짧은 하룻밤 자고 아들은 직장으로 손주는 엄마 따라 잠시 얼굴 보여주고 모두 부산으로 떠난 그 밤, 혼자 주무실 때 얼마나 허전하셨을지. 내 나이 60이 넘어 내가 그 입장이 되니 알게 되었다. 더 많은 시간을 함께 하지 못해 더욱 죄송하다.

마음에 걸리는 것은 진주에 다녀올 때 각박한 사회생활에서 어쩌다 한두 번 사소한 일로 짜증을 낼 때도 있었고, 그때 어머님

전문이 없는 것이 내 전문이다

은 말씀은 하지 않으셨지만 어머님 마음을 아프게 했을 것인데, 그 밤 어머니 마음은 어떠했을까? 아무리 힘들고 짜증 나더라도, 어머니 앞에서는 웃는 모습으로, 다음에 오겠다고 어머님 마음 편하게 해 주고 나왔어야 했는데 정말 후회가 된다. 지금 안 계시니 더욱 가슴 아리다. 홀로 남은 그 긴 밤의 허전함과 아픈 마음은 영원히 채워드리지 못하니 더욱 눈물이 날 뿐이다. 어떻게 다시 세월을 돌릴 수 없을까 후회할 뿐이다.

어머니는 항상 아들을 하나밖에 낳지 못해 조상님 보기 죄송하다 했는데, 조상님을 잘 모신 덕분에 손자를 두 명이나 보게 되었다고 좋아하셨다. 이러한 아들과 손자, 자손들을 위해 아침마다 장독대에 촛불을 켜고 정화수를 떠서 올려놓고 빌던 모습이 아직도 눈에 선하다. 살아오면서 힘에 부치고 어려움에 부닥칠 때, 때론 몸이 아플 때도 견디다 견디다 정말 힘들어서 견딜 수 없을 때는 '어머니' 하고 조용히 불러 본다. 그러면 조금씩 힘이 난다. 아픔도 사라지고 다시 일어서서 살아왔다. 많은 세월이 흘러 나이 들고 기억이 혼미해지면 나는 어머니를 만날 수 있을 것이라 확신한다. 힘들었지만 어머님 보살핌에 한세상 잘 살고 왔다고 정말 많이 보고 싶었다고.

자화상

양심 고백

어려웠던 시절에 밥 한 그릇이라도 경제적 도움을 받은 것은 잘 잊히지 않는다. 찾아뵙고 감사를 드렸고, 당사자가 없으면 후손에게라도 보답하려고 했다. 모든 일에 대한 책임에 있어서는 뒤에 숨지 않았다. 책임져야 할 일이 있으면 먼저 매를 청했다. 사업을 하면서 적어도 양심에 가책을 느끼는 일은 하지 않았지만, 정당한 상황에서 금전적으로 어떻게든 내가 손해 보지 않으려고 했지, 상대방에게 양보하지 않았다.

회사나 가정이나 항상 금전적으로 부족해서 상대방에게 양보할 수 있는 여유가 없었기에 마음으로는 항상 미안하게 생각했다. 하지만 체면을 중시했다. 특히 자존심을 지키려고 있는 그대로를 보여주기보다 남의 눈을 의식하고 행동할 때가 많았다. 대

중의 힘에 쓸려 옳지 않다는 것을 알면서도 동조하면서 더 큰소리를 내기도 했다. 때론 불의를 보고도 눈을 감는 순간도 더러 있었다. 비겁함이나 내 편안함이라기보다, 사건이 발생하여 내가 일을 할 수 없는 지경에 되었을 경우 내 가족을 잠시라도 부탁하고 의지할 만한 친척이나 사람이 없기 때문에 휩쓸리지 않으려고 모른척하는 경우가 많았다.

그러나 어떠한 경우에도 먼저 잡은 손을 놓고 배신하지는 않았다. 아무리 불리하고 손실이 와도 먼저 돌아서는 일은 없었고, 날 버린 사람은 다시 보지 않았다. 내 딴에는 잘해주었는데 오해를 사서 마음고생이 심할 때가 있었다. 지금도 아쉬운 관계를 유지하는 사람도 있다. 왠지 모르겠다. 잘해주고 잘 해내려고 했는데 왜 이런 관계가 되었는지, 서로 안 보는 것이 편한지, 부덕의 소치인지, 내 욕심 내 입장만 생각하는 이기적인 사람인 건지. 나로서는 최선을 다했는데 능력 부족인지, 인덕이 없는 것인지. 아내가 언젠가 철학관에서 사주를 보니 사업은 크게 되지는 않아도 망하지는 않을 것이고 타향을 고향 삼고 살아라 했고 언제나 혼자라고 했는데 맞는 것 같아 아쉬움이 많다.

내가 하지 않았는데 했다고 오해하면, 차분하게 상황을 설명하지 않고 성을 내고 큰소리를 지르면서 해명하려고 했다. 상대방 입장을 헤아릴 줄 모르고 때론 버럭 큰소리를 지르며 화를 내는 성격 때문에 사람들을 순하게 대하지 못한 적도 있다. 내 생각과 주장만 앞세우고 남의 말을 귀담아듣지 않고 지나다 보니, 훗날 본의 아니게 오해받고 원망을 듣기도 했다. 남이 잘되는 것에 대한 축하에도 인색했다. 이만큼 나이도 먹었으면 참을 줄도 알고, 애먼 소리를 들어도 삭일 줄도 알고 상대의 말도 잘 경청하고 남의 일도 내 일처럼 진정한 마음으로 기뻐해 주면서 살아야 하는데 말이다. 지난날을 참회하면서 살아야겠다.

타고난 숙명

조상을 모시는 일이(제사, 산소) 내 삶의 최우선이다.

1남 6녀 중 유일한 남자이기에 매달 한 번꼴로 모시는 제사도 어린 시절부터 익숙했고 내가 해야 하는 일이라 생각하며 살아왔다. 이젠 세월이 흘러 문화와 관습이 많이 변해 형식도 많이 간소화되어, 자식들에게(후손들에게) 나처럼 하라고 요구할 수는 없는 시대다. 하지만 마음만은 항상 조상에게 감사하고 섬기는 마음을 가져야 한다고 생각한다. 자신의 행동에 대한 바른 마음가짐과 정서적 평온함, 그리고 누군가가 보살펴 준다는 안도감에 따른 자신감을 가져 일에 대한 성취와 보람을 얻을 수 있다. 또 이를 감사하게 느낄 수 있고 겸손함을 가짐으로써 삶을 더욱 보람되게 할 수 있기에 의식보다 섬기는 마음이 더 중요하다. 이러한 마음으로 조상을 섬기며 살아가노라면 복도 받고 후손들에게 좋은 일이 많을 것이다. 항상 감사한 마음으로 조상을 섬기면서

전문이 없는 것이 내 전문이다

살아가야 할 것이라 본다.

1남 6녀

나는 어머님을 모시고 여섯 명의 여형제와 함께 살았다. 결혼 후에는 아내가 새 식구로 들어왔고 서로의 입장(시누이, 올케)과 관습이 다른 환경에서 생활하다 한 식구가 되었으니 서로 이해하고 배려하면서 지냈지만, 때로는 서로가 의견이 다를 때 오빠와 남편으로서 처신의 어려움이 있었다. 다행히 어머님께서 잘 이해해 주시고 아껴 주신 덕분에 고부갈등도 없었고 동생들도 잘 따라 주어 다행이었다. 물론 각자의 입장에서 보면 남편으로서 오빠로서 모두에게 만족을 주지 못했을 것이다. 부산에서 일해서 월급을 받으면 어머님이 계시고 동생들도 있으니 월급 대부분을 진주로 보내면, 집도 없이 셋방살이하면서 자식 셋을 키우는 아내는 장래의 불안함을 느꼈을 것이고 동생들도 오빠가 좀 더 다정하게 보살펴 주기를 바랐을 것인데 각박한 사회생활에 경제적 여유 없이 살아가다 보니 모두에게 더 좋은 남편, 오빠로서는 부족했을 것이다.

동생들도 결혼하면 의지할 남편이 생기니 결혼하고 나면 좀 더 여유가 있을 것이라고 생각했는데 다들 결혼해서 가정을 가지다 보니 각자의 새로운 환경에서의 입장도 있고, 이에 따른 바램도 있었을텐데 나 자신도 부족함이 많고 한 가정의 가장으로서 어려움에 하소연이라도 하고싶은 심정이지만 1남 6녀의 현실 속에서 모두에게 잘한다고 해도 내 자신의 성격도 누구에게나 다정다감함이 부족한지라 모두가 느끼기에는 모자람이 있었을 것이기에 많은 아쉬움이 남는다. 그래도 지나온 세월 속에 동생들도 자식 낳고 잘살고 있고, 아내 또한 험난한 길 잘 참고 견디며 자식들 잘 키웠고 부족한 나와 잘 살고 있으니 고마울 뿐이다. 이만하면 내 인생도 참 다행이라고 위안해 본다. 그래도 어려운 여건 속에서 이만큼이라도 잘 살고 있으니, 운도 좋았고 모두 덕분이고 성공한 인생이고 감사한 인생이다.

이별에 익숙하지 못했다

누구에게나 헤어짐은 아쉬움과 아픔이 있겠지만, 그 헤어짐이 싫어서 계속 관계를 유지하려고 애쓴다. 하지만 결국 언젠가는 헤어질 수밖에 없는 줄 알면서도 우선 같이 있는 것이 편했다. 이별의 아쉬움과 아픔을 감당하기 싫지만 언젠가는 받아들이고 넘어가야 하는 것이 인생이다. 이별에 익숙하지 못하기에 살아오면서 알게 된 모든 분과 가능한 한 오랫동안 같이 가려고 했다. 이별에 익숙하지 못한 것은 마음이 모질지 못하고 약하기 때문이기도 하겠지만, 일찍부터 집안 가계를 책임지는 입장에서 주위에 의논하고 노움을 요청할 수 있는 사람이 없어서으니 알게

전문이 없는 것이 내 전문이다

된 사람들과 만남을 계속 이어가려고 했던 것 같다. 지나고 보니 헤어지려는 결단보다 이별에 익숙하지 못한 덕분에 내 사랑도 지키면서 그 인연을 이어가고 있으니 감사할 따름이다.

참회 기도

코로나 이전까지만 해도 나는 두 가지의 중독(습관)이 있었다. 하나는 하루도 빠짐없이 사우나(목욕)를 하는 것이고, 또 하나는 매일 아침 산에 가는 것이다. 코로나로 인해 사우나는 갈 수 없으니 목욕하는 습관은 자연히 없어졌고, 대신 산을 찾는 시간이 많아졌다.

정각사 마당 쓸기

아침 6시 정도에서 집을 나서 4~50분 정도 산길을 오르면(승학 산) 정각사라는 절이 나온다. 절 근처에 운동 기구도 있고 보통 7~8명이 매일 모인다. 다들 나이가 나보다 많으신 분들이다. 연 세가 90이 넘는 분도 계신다. 정각사에 도착하면 우선 법당에 들 러 세 분의 부처님께 각각 삼배하고 참선과 기도를 한다. 정각사 는 참회 도량이다. 어제(지나온) 잘못된 행동에 대해 참회하고, 그 러지 말아야지 하는 새로운 각오도 한다. 다가올 일에 대한 바람 을 올리면서 소원이 이루어지길 기원드린다. 어느 날 도웅 스님 이 매일 무슨 기도를 하느냐고 물었던 적이 있다. 나는 여러 가지 바람(소원)이 있지만 제일 가슴 아리는 것은 아내가 매일 절에 가 서 부처님께 기원을 하는데 아내의 그 소원하는 바를 부처님께 서 꼭 들어줄 수 있도록 기원드린다고 했다. 내 말을 듣고, 스님 께서는 이런 소원은 처음 듣는다며 꼭 이루어질 수 있도록 같이

정각사 오솔길

정각사 정경

기도해 주신다고 했다. 아내가 부처님께 소원하는 바를 부처님께서 꼭 들어 주시기를 기원드린다는 사연을 스님에게 말씀드릴 때 감정이 북받쳐 눈물이 났다.

아내는 결혼 후 우리 집에 들어와 살면서 경제적 어려움도 있었지만, 정신적으로 마음 상하는 일도 더러 있었을 것이다. 그런데 나만 보고 온 사람인데 경제적으로는 어쩔 수 없더라도 마음은 편하게 해주어야 했는데 그렇지 못했다. 아내는 마음이 힘들 때마다 달리 해결 방법이 없으니 절에 가서 계속 절을 하다 보면 마음도 편해지고 진정이 된다고 했다. 애들이 태어나니 그 어려움은 더욱 가중되었고 그때마다 자신의 마음도 달래고 가족의 건강과 집안의 평안을 위해 기도하며, 전국에 있는 유명 사찰 여러 곳을 다니기도 했다. 먼 길을 가서 설악산 봉정암을 오르내리기를 여러 해에 걸쳐 십수 회 오가기도 했다. 서로 좋아서 만나 같이 살게 되었는데, 두 사람만 사는 것도 아니고 주어진 여건과 경제적 부족함으로 어려움이 많았을 것이다. 그런데 아내의 마음을 편하게 해주지 못했다. 나의 부족함과 무능의 소치라고 생각하니 미안한 마음과 애처로운 마음이 든다.

아내는 현실 속 부딪히는 마음의 상처를 극복하기 위해 자주 절에 가서 자신의 마음을 달랬다. 또, 가정의 평온함을 위해 부처님께 기원하는 것이 고행스럽고 힘들게 보였다. 하지만 이를 해결해주지 못한 나의 무능함과 미안함이 내가 대신 해줄 수 없기에 안타까운 마음에 아내의 바램을 부처님께서 꼭 들어주십사하고 기원을 드린 것이다. 법당을 나와서 때론 절 마당을 쓸기도 하고 운동하는 장소에 가서 사람들과 가벼운 운동과 세상 사는 이야기를 하다 집에 오면 8시가 넘는다.

산길을 내려오면서 때론 천수경에 나오는 진에중죄 금일참회(瞋恚重罪 今日懺悔)라는 법구경을 되새겨 본다. 버럭 화내고 소리지르지 말라는 가르침이다. 치열한 경쟁 속에서 살아오면서 이런 행동을 많이 했다. 특히 마음대로 되지 않을 때 큰소리를 지르고 화를 내는 일이 많았다. 화가 니도 침을 줄 알고 억울하고 애먼 소리를 들어도 소화시키고 인내할 줄 알아야 나잇값을 하는 것이 아니겠는가. 어차피 인생이란 좋은 일도 있고 나쁜 일도 있으며, 때로는 아픔과 슬픔도 마음의 상처도 다 나의 인생 삶의 일부이지 않겠는가. 그러니 걱정과 불안을 가지기보다 내 인생의 일부와 함께 즐기면서 살다 보면 이 아픔도 어려움도 바라는 바의 소원에 염원을 담아 간절히 소망하고 노력하면 언젠가는 해결되고 지나간다는 긍정적 마음으로 오늘도 하루를 시작한다.